跨界竞争

王小圈 ○ 著

看不见的对手，看得见的手

电子工业出版社·
Publishing House of Electronics Industry
北京·BEIJING

内容简介

在商业竞争不断加速的时代，即便能在本行业中做到极致，也无法避免被淘汰的命运。新巨头们源源不断地从其他行业借用前所未有的力量弯道超车、异军突起。

活字印刷如何"导致"欧洲革命？电视直播如何"终结"越南战争？日产手机为何会在苹果和华为面前一败涂地？可口可乐的竞争对手为什么从来不是百事可乐？结婚率下降，"钻石恒久远"正在如何自救？AI法官已经来了，AI警察还会远吗？

书中会对上述问题展开一系列有趣的探讨，你会惊奇地发现：人口结构的改变、闲暇时间的增加、信息通路的升级、消费观念的重构、快消产业的蔓延、人工智能的机会与风险，这一切改变了竞争格局，现代竞争已不局限于行业之内，而是跨越了行业边界。

"斜杠青年"的跨界只是微观一角，更大规模的跨界无处不在。今天，我们每一个人都身处百年不遇的变革时代，去寻找并起飞于属于你自己的风口，或将得益一生。

图书在版编目（CIP）数据

跨界竞争：看不见的对手，看得见的手/王小圈著. —北京：电子工业出版社，2020.3
ISBN 978-7-121-38421-9

Ⅰ. ①跨… Ⅱ. ①王… Ⅲ. ①人工智能—应用—贸易 Ⅳ.①F7-39

中国版本图书馆CIP数据核字（2020）第017623号

责任编辑：张月萍
印　　刷：三河市双峰印刷装订有限公司
装　　订：三河市双峰印刷装订有限公司
出版发行：电子工业出版社
　　　　　北京市海淀区万寿路173信箱　　　邮编：100036
开　　本：880×1230　　　　1/32　　　　印张：7.875　　　字数：218千字
版　　次：2020年3月第1版
印　　次：2020年3月第1次印刷
印　　数：6000册　　定价：58.00元

凡所购买电子工业出版社图书有缺损问题，请向购买书店调换。若书店售缺，请与本社发行部联系，联系及邮购电话：（010）88254888，88258888。
质量投诉请发邮件至zlts@phei.com.cn，盗版侵权举报请发邮件至dbqq@phei.com.cn。
本书咨询联系方式：（010）51260888-819，faq@phei.com.cn。

前言

为什么欧洲的活字印刷引领欧洲走出中世纪，中国的毕昇却没有成为著名出版人？为什么说可口可乐的竞争对手不是百事可乐？华为和苹果如何在日本市场击败日本手机？网游、手游高利润的根本原因是什么？"快消一切"如何成为消费时代最强音？旧时代的暴利从何而来？如今什么行业最有前途？

这一切，可以归纳在一个现象之下——跨界竞争。

来自同一维度的竞争，可见、可防、可与之一战；而那些看不见的对手令人防不胜防。跨界的对手，犹如天花病毒进入南美、野猫进入澳大利亚，生态灾难，降维打击，所见即所灭，秒杀亦绝杀。

小到个人职场奋斗，大到跨国公司战略规划，在竞争泛化的当下，发现、分析、了解、学习乃至战胜这样的对手，是这个时代的需求。

跨界，不仅是个人发展之需，亦关生死存亡之急。

前几年国内很流行一个词，叫"斜杠青年"，指同时或连续从事多个职业的青年劳动者。然而在分工细化、竞争激烈的当下，仅是做好本职工作，就足以让人筋疲力尽。所谓的多面手，更有可能是多面平庸。若不想"穷忙"，多个技能之间不应是"并列"关系，而应是"递进"关系。

2002年，普林斯顿大学心理学教授丹尼尔·卡尼曼（Daniel Kahneman）获得诺贝尔经济学奖。卡尼曼自称"从未学过经济学"。就是这样一个经济学"门外汉"——在瑞典皇家科学院的新闻公报中，被形容为"将心理学的深入分析融入经济学，从而为一个崭新的经济学研究领域奠定了基础"——成为"行为经济学"的开山鼻祖。

我认识一位中文系博导，他最得意的学生毕业于计算机专业。那位学生的博士生研究方向是古文字学。读博期间，他开发的一款用于识别古文字的图形处理软件大获好评。

跨界，是利用不同技能间的信息差获得额外优势从而实施弯道超车、降维打击。

"跨界青年"不仅活得漂亮，更活得轻松。

一个人的命运，不仅要看个人奋斗，还要考虑历史的进程。个人职场的兴衰，从小处看，受经营者决策的影响；从大处看，由大形势决定，即所谓的"行情"。传统农业有句话叫"靠天吃饭"，所谓的天，不是指神仙、上帝，而是指外在的客观条件。"天"决定了传统农业的基本盘，"行情"决定了个人职业的基本盘。所谓形势比人强，行情大过天。

早年的行情像一辆公交车，你追着它跑，赶上了就是人生赢家，赶不上只能坐地大哭。如今的行情是一辆高铁，风驰电掣，追是追不上的，永远都追不上。你必须提前到站、安检、检票，早早地在站台的风口里等着，瞅准转瞬即逝的上车时机。

20世纪80年代的个体户、90年代的纸媒和外企，21世纪00年代的快销和BAT、10年代的房地产和比特币……行情转瞬即逝，看到的永远只有背影。

跨界，是给迟到者一个改签的机会，是利用本行业的积累，去寻找新的站台提前占位，伺机而动。

在商业生态系统中，行业和职业间的跨界竞争倏忽而至，渺小的个人选择在大时代中随风飘摇。在马车的年代，做得最好的马车，也竞争不过汽车。那么在汽车的年代，下一个风口在哪里？

本书就是答案。[1]

我是作者王小圈，台湾大学工商管理学硕士，熟稔中美两国的商业氛围和最新产业资讯。我会在本书中引用信源资料，厘清产业逻辑，清晰阐释中美产业界曾经走过的路和刚埋下的坑。

大表哥的王小圈

扫一扫二维码图案，关注我吧

1　请访问http://www.broadview.com.cn/38421下载本书提供的附加参考资料，如正文中提及参见"链接1""链接2"等时，可在下载的"参考资料.pdf"文件中查询。

目录

第 1 章

向死而生——行业的消亡与崛起

从某种程度上说，每一个行业都像一个物种，会诞生、会死亡、会进化、会灭绝。有些行业像恐龙，曾经统治地球，如今已然消失得无影无踪；有些行业像蚂蚁，微小而密集，见缝插针、到处都是；有些行业像中华鲟，意义非凡却已经几乎野外灭绝，不得不圈起来保护。和大自然的生态相比，产业生态进化和退化都很激烈，每时每刻都有新的行业诞生，都有旧的行业消亡。

1.1 鲸落，留给世间最后的温柔

当一头30吨重的鲸在深海死去时，便很难再浮起来。

低温降低了尸体的腐烂速度，使之不会在短时间内产生大量气体；高压让仅有的气体更易于溶解在水中。如此，鲸庞大的躯体便不会鼓胀成气球漂起来变成浮尸，而是缓缓沉入水中。这便是鲸落（whale fall）。

在黑暗寒冷的深海，降落这样一个庞然大物，如同水草丰美的绿洲，突然降临于沙漠，所到之处都是盛宴。吃肉的鳗鱼、啃骨头的甲壳类、分解鲸骨的细菌在这里群体狂欢。对细菌而言，如果这条鲸足够大，这场狂欢足以持续上百年。

可以说，在鲸的尸体上诞生了一个全新的生态系统，滋养万千生命，最后尘归尘，土归土，一切回到最初的起点。因此，鲸落也被浪漫地认为是"鲸留给世界最后的温柔"。

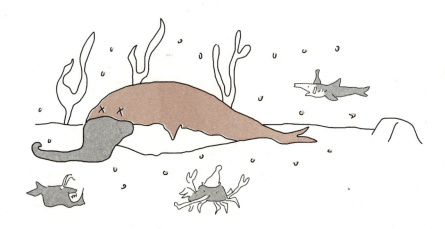

• **纸媒鲸落**

"传统媒体"这个说法的出现和"国学"很像。中国本没有国学，有了洋学，才有国学。本来人家好好地叫"媒体"，有了新媒体，才有了传统媒体。传统媒体一般指电视、报刊、广播，其中纸媒最为传统，也衰落得最快。

报社记者曾经是最上档次、最体面的工作之一。当年文青值得自豪的经历不是去圣托里尼或拉萨净化灵魂，而是在本地报纸上发表"豆腐块"大的文章。在《平凡的世界》中，年轻漂亮女记者的形象深入人心。当年的省报女记者，好比1990年的女企业家，2000年的外企女高管，2010年的流量女明星，堪称引领潮流的时代女性最强音。

2001年，当纸媒工资开始走下坡路的时候，《南方周末》一个记者还能拿到18 000元的薪水，那时候北京的房价是5000元/平方米。所以说本人小时候的理想是读中文系当大记者，是有现实依据的。

曾有记者这样描述该报20世纪90年代的工资："钱发下来了，还没来得及存进银行，下个月又发了。放在家里，一摞一摞的。"

——王晓[1]

2006年左右，移动互联网还没有普及，新媒体都没有苗头，第一代传统媒体人的跳槽就已经悄悄开始。彼时网页游戏和大型多人在线角色扮演类客户端游戏（MMO RPG）开始冒头，以个人电脑为媒介的网络世界遍地黄金。一些来自王牌纸媒的插画师，成为第一代游戏美术的领军人物。他们拥有多年美术教育和美术实践经历，有扎实的绘画功底，在绘制场景和人物原画上游刃有余。

嗅觉灵敏的游戏业，便是受滋养于纸媒鲸落的第一批生命。

1　文章引自《Vista看天下》，第230期，《记者：当理想照不进现实》，王晓。

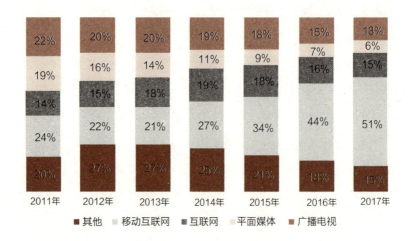

2011—2017年中国传媒产业市场结构变化[1]

近十年的辛苦挣扎，"纸媒之死"的报章标题从惊叹号变成疑问号，再从疑问句变成陈述句，每隔几个月便要拿出来写文章晒一晒。如此九蒸九晒后，纸媒广告收入暴跌，调查记者人数减半[2]。他们都还好吗？去哪里了呢？

纸媒不再，但内容不死。有人要看，就有人要去写。

谁在担纲新媒体？是传说中网感极佳的职场新人吗？早十年或许如此，但新媒体稍微有那么一点吸金能力后，就吸引了如上受过全套传统媒体训练的职业媒体人，他们带来了丰富的人脉资源和文字写作经验，为这个新行业注入了坚实的专业基础。

《南方周末》原记者陈菊红，担任腾讯副总裁、腾讯网络媒体总编辑。
《外滩画报》原总编辑徐沪生，创立了新媒体品牌"一条"。

1　数据引自《2018年中国传媒产业发展报告》，社会科学文献出版社，2018年。
2　数据引自《新媒体环境下中国调查记者行业生态变化报告》，《现代传播》2017年第11期。

《人物》杂志原主编张寒，担任今日头条深度运营总监。

《GQ》杂志原副主编张伟，创立了新媒体品牌"新世相"。

《南方周末》经济部原主任、《21世纪经济报道》创始人刘洲伟，担任前海传媒CEO。

《中国周刊》原副主编徐一龙，担任今日头条副总编辑。

《人物》原副主编吴达，担任今日头条高级运营总监。

《经济观察报》原深度调查记者王克勤，发起"大爱清尘"公益基金。

此外，曾任央视《新闻调查》栏目记者的王志安，担任《新京报》人物专访栏目《局面》的视频主持人。虽然工作岗位看上去差不多，但《局面》的主要发布平台是网络，而非电视台。王志安已完成从传统媒体到新媒体的转型。纸媒转型并非中国独有的现象。美国《西雅图邮报》和《独立报》分别在2009年和2016年停止纸质版印刷，以报社整体为单位，完成了新媒体的转型。

除了这些备受瞩目的行业翘楚，还有千千万万转岗的普通人，从纸媒大军中走出来，流入微信公众号写作、新媒体运营、动漫脚本、游戏文案、广告策划等新行业。

如鲸落般滋养着新兴生态系统的，不仅仅是人才，更是技术。直到今日，最经典的商业广告文案教材还是得看30年前美国人写的书，那是纸媒最鼎盛时期的精华。今日最高效的内容生产流程（而非内容复制粘贴流程），还是纸媒的模式。

正如最优美的绝句绕不过唐诗，或许后世不再流行写五言七言，但还会写词牌、小说、散文，他们中优秀的作者依然很难绕过唐诗的教化。纸媒陨落，滋养众生。

• 战争鲸落

人要吃饭，也要发展。

赞比亚修女写信给NASA的科技副总监，问，这世上还有无数的孩子遭着饥荒的罪，你怎么忍心把这么多钱花在研究火星登陆计划上？

多少资源用于吃饭，多少资源用于发展，这是个问题。

什么能让人类最压缩资源于吃饭、最专注资源于科技发展呢？——战争。

战争是人类最极端的对抗形式。现代社会的激烈对抗最能刺激科技的发展，虽然军工科技的初心不是杀人就是防止被人杀，但技能树是共通的，今天可以用来杀人，明天我们不想打打杀杀了，也可以用到别的地方。

当战争这个怪物缓缓沉入大海时，关于战争的种种技术就会进入民生领域，开始漫长的代谢。

不锈钢餐具的发明，和一战脱不了干系。战前英国正忙着造枪，当时的枪管不怎么耐用，枪膛经过几轮高温子弹的摩擦后就磨损得不成样子。一位名叫哈利·布莱利（Harry Brearley）的材料学家受命于寻找适合高温、耐磨的枪管材料。他在钢材中添加金属铬，本意是提高材料的熔点，就这么误打误撞地找到了不锈钢。在不锈钢餐具出现之前，商用不锈餐具的材料只有纯银和镍银，价格相当昂贵。

避孕套，通过一战普及到全世界。一战时，战壕中卫生条件差，协约国有20万士兵罹患梅毒，避孕套成为军需配置。

卫生巾，发明于一战后。最初源于一种叫纤维棉的吸水性绷带敷料，用来给伤员吸收血污。红十字会的女护士们首先发现了这种敷料的新用途。一战结束后，仓库里堆着大量敷料没有用处，一家名为金佰利（Kimberly-Clark）的公司利用这些材料做成了商用卫生巾，一炮走红至今，这就是美国知名卫生巾品牌高洁丝（Kotex）。这个牌子现在还是卫生巾主流品牌，在做女性卫生用品上一直保持着大胆创新的劲头。

芬达，源于二战。当时美国对纳粹德国施行贸易禁运，德国可口可乐公司失去了作为原料的可口可乐糖浆。德国可口可乐公司的主管马克思·凯斯（Max Keith）不得不使用他能获得的仅有的原材料——乳清和苹果渣，做了一款新饮料。乳清是牛奶做奶酪后的废液，苹果渣是苹果做苹果汁后剩下的残渣，所以与其说是食物原材料，不如说是废料。这款新饮料就是芬达。后来荷兰可口可乐公司也遇到了一模一样的麻烦，荷兰版芬达用的是西洋接骨木果。总之物力维艰，有啥用啥。

2015年是芬达创立75周年，德国芬达还做了二战复刻版，用了当年的玻璃瓶，用了30%的乳清和果渣，还是当年的包装、当年的味道。结果被人批评纪念纳粹"荣光"，这在当代德国是非常严重的政治错误，德国可口可乐赶紧撤了广告。

这样的例子不胜枚举。微波炉、太阳镜、越野车、图灵机、核能民用……大量战时技术被应用于更重要的领域，至今依然发挥着作用。二战之后还有冷战。对我而言，冷战期间的重要发明是"部队火锅"！虽然大人物们应该不太在乎菜谱这种小事。战后美国和苏联分别带走纳粹德国的数千名科学技术人员，双方在德国V-2火箭技术基础上研发了洲际弹道导弹。

冷战是二战的代谢产物，代谢物还有自己的二级代谢物——美国国家航空航天局（NASA）的辉煌岁月。

假设现在有一个人能带着苹果手机穿越回到20世纪70年代，和当时的嬉皮士聊聊天，他有很大概率会发现嬉皮士对我们这个时代相当失望："什么？半个世纪过去了，人类还没有登陆火星？甚至连月球都没有再去过？你们用着计算能力那么强的芯片，就用来打手机游戏？"没有了战争的阴霾，没有了太空竞赛，NASA预算连年下降，航空航天技术也因此失去了突飞猛进的经济基础。

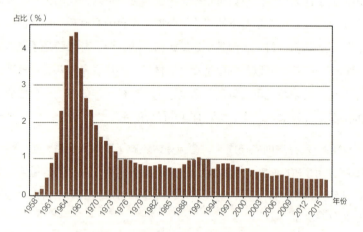

NASA每年预算占联邦政府总预算的比例

NASA每年预算占美国联邦政府财政总预算的比例[1]

---

1 数据来自OMB（Office of Management and Budget），美国行政管理和预算局。

没有太空竞赛，今天的世界会怎么样呢？

- 我们可能还没有"隐适美"牙套。这是NASA发明的，最初是为了保护热寻导弹跟踪器上的红外天线而制造出来的透明陶瓷材料。

- 我们可能还没有优质的婴儿食品。宇航员太空食物中使用的微藻原料营养添加剂，现在被美国90%的婴儿食品采用。

- 我们可能还没有红外线耳温计。这种测温方式最初用于给恒星和行星测温，现在允许我们通过不经黏膜接触的方式获得新生儿的体温。

- 我们可能还没有激光近视手术。这项技术最初被NASA用于航天器速度成像。

"每年，都有大概一千项从太空项目中发展出来的新技术被用于日常生活，这些技术打造出更好的厨房用具和农场设备，更好的缝纫机和收音机，更好的轮船和飞机，更精确的天气预报和风暴预警，更好的通信设施，更好的医疗设备，乃至更好的日常小工具。"

——NASA科学副总监恩斯特·史都林格

以上看着不怎么"严肃正经"的技术是NASA的代谢产物，也可以说是二战的三级代谢产物。巨鲸虽恐怖，但遗产颇丰。当然如果没有这些，我们也有可能更早拥有智能手机和VR游戏。

苏联这边，遗产也不少。从大处看，这关系到新中国工业体系的建立；从小处看——李娟在《阿勒泰的角落》中提到苏联地质队废弃的旧房子："一套套的三居室单元房，墙壁平平的，刷得白白的，地面也光溜溜的，整整齐齐。比我们住过的任何房子都要漂亮呢！"当苏联国旗缓缓降落，阿勒泰无人认领的漂亮房子，作为伟大苏维埃共和国尸体的小小碎片，成为一个牧区瘦弱少女临时的家。当年尚不是作家的贫穷少女李娟亦如一条小鱼，亦受飨于鲸落。

当然这些只是战争提供的物质和科技，相对于人类价值观的进步微不足道。没有南北战争，就没有大规模的黑奴解放；没有一战，就没有妇女投票权。种族和性别的平等、普世价值观的构成，这些联结人类共同命运的观念，因为战争深深影响世人。

可惜更多时候鲸落滋养的是行业，而不是人。

人的生死哀乐取决于到底是鲸骨肉的一部分，还是分享鲸骨肉的一分子。

你见过的最大的行业鲸落是什么？

快速城市化中的中国传统农业。城市化很大意义上是现代化，是一个国家通往富强的必由之路。西方列强凭借海上贸易和强取豪夺完成原始资本的积累。中国凭借什么积累成为第二大经济体呢？

——人。

改革开放后，数亿规模的农业人口在二十年间，源源不断地从农村迁移到城市，从田地迁移到工厂。1995—2018年，中国城镇化率从30.48%上升到59.58%。无数务工者带着他们的青春和梦想，成为中国世界工厂里的一枚枚螺丝钉，成为城市服务业中最基层的一员。农村的规模在渐渐缩小，农村小学随之不断撤并，与之同行的，是大城市里源源不断的打工者和学位紧张的子弟学校。传统农业的巨大鲸落，滋养着制造业、服务业，滋养中国一跃而起成为世界经济大国。

巨鲸下沉无人可挡。一个巨型行业消亡，千千万万的行业起来。命运昭昭，有些人成为死去的骨肉，有些人成为享用骨肉的人。令人感慨的是，这一瞬间的生死逆转，却不是一碗"努力拼搏就能改变命运"的鸡汤能解决的事。

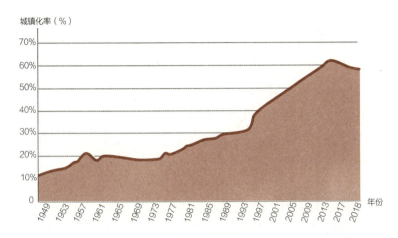

城镇化率（%）

1949–2018年中国城镇化率[1]

1.2　产业链的多米诺骨牌

先说一个老段子。

某人去理发，发现理发价格上涨了。他问理发师："为什么剪头发涨价了？"

理发师说："因为猪肉涨价了。"

他又问理发师："猪肉涨价和你剪头发有什么关系？"

理发师振振有词："因为我要吃猪肉。"

好笑吗？理发师说得让人无法反驳啊！作为轻资产、重人工的劳动力密集型服务业，理发师的工资在理发成本中占较大的比例。畜牧业输出价

1　1949—2017年的数据引自《中国统计年鉴（2018）》，中国统计出版社；2018年的数据引自国家统计局官网新闻，地址参见**链接1**。

格上涨，理发师伙食成本增加，自然会大大影响到理发服务产品的价格。行业与行业之间就是如此环环相扣，荣损相关。有时候是正相关，有时候是负相关。

比起行业鲸落这种同时并行的大规模人道灾难和产业繁荣，行业链的兴衰显得格局小而细腻，像是精巧至极的多米诺骨牌，无差别地随意散布在广袤的平面上，没有前一块牌的推动，就没有下一块牌的倾覆；随便哪一环倒掉都会产生连续不可逆的后果，导向一个未知的新方向。

- **技能树上的毕昇**

四大发明之一的活字印刷术，是中国人的骄傲。然而活字印刷术在《梦溪笔谈》中详细介绍后，实际应用寥寥，令人惋惜。倒是400年后的德国，古腾堡的活字印刷术，一经商用便以燎原之势传遍欧洲，造成了极为深远的历史影响。

关于"古腾堡有无受东方活字印刷术启发"，中外学术界各有看法。若是深入了解古腾堡印刷术的技术便会发现，无论古腾堡活字印刷是否独立发明，都足以堪称伟大。

为何活字印刷术改变了世界，却没有改变中国呢？

有一个观点是：中文有数千乃至万余汉字，字模制作成本巨大，相对于雕版印刷，活字印刷的边际受益没有字母文字那么大，毕竟人家只要做几十个字母即可。古腾堡印完一整本圣经，虽然用了成千上万个活字，但制造活字的阴模，算上大小写各种花式，用了不到300个。

这当然是无可争议的重要原因。但从晚清到民国，再到新中国成立后的很长一段时间内，铅活字仍是印刷业的主流，说明活字印刷有这个优势，我们也有这个需求，再往深里想一步：如果中文是字母文字，毕昇的活字印刷术会被广泛使用吗？

我质疑。

我们来看早期中文活字印刷效果的记录。

中国胶泥活字：

"字体较小；字体拙劣，长短大小不一，笔画粗细不均；字距极小，紧密无间，甚至首尾相插；回旋萦绕，做不规则排列，在回旋转折处出现字形颠倒现象；漏字；纸面可见到字迹有轻微凹陷，墨色亦浓淡不一。"

——《早期活字印刷术的实物见证》，金柏东[1]

古腾堡金属活字：

"这本1700页的书从技艺和设计方面来说都是杰作。"

——牛津大学《科技史·第三卷》

"文本非常工整清晰，阅读起来一点都不困难，你都不需要戴眼镜。"

——教宗庇护二世写给红衣主教的信件

古腾堡圣经局部。[2]图为拉丁文哥特式Textura字体

1　《文物》1987年第5期，《早期活字印刷术的实物见证——温州市白象塔出土北宋佛经残叶介绍》，金柏东。

2　现馆藏于柏林国立图书馆。

可以这么说，古腾堡圣经作为西方活字印刷术的最早期作品，诞生即高峰。它迅速传遍欧洲，开启了传媒出版业的新纪元。为什么如此传奇？我们来看看古腾堡的印刷机。

古腾堡的印刷技术在原理上和中国的活字印刷术一样：首先铸造字模，然后把字排整齐，最后刷上颜料印出来装订。但其中每一个环节都有相当高的技术含量。以下是技术难点总结。

1. 铸模技术

古腾堡出身货币铸造行业，对高精度货币的制造技术信手拈来。西方很早就使用冲压技术制作货币，高效、高精度，花纹清晰精美。中国一直没有解锁这个技能点，直到清朝末年才开始引进冲压货币技术。毕昇的字模都是手工雕刻的，如果要制作大批量高精度字模，就需要先解锁冲压铸造这个技能点。古腾堡发明了手持式冲模机，用铜和铁制造作字模的模具，再用铅、锡、锌调配出低熔点的合金字模。

这套工艺在巅峰时期可以让两个熟练工人在一周内制造出两万个活字字母。在这种效率下，如果印刷者乐意的话，制版以后不需要拆版，可以把整套印版保存、出售、转让、抵押，这就是字面意义的"版权"——印版的所有权。毕昇的活字印刷，因为字模要重复利用，所以就必须拆版，版权不存在，印坊就会觉得不划算，还不如雕版可以存起来卖钱。

2. 油墨制造

古代欧洲和古代中国一样，书写用的墨水是水墨。水性墨的附着力不够强，所以木头、胶泥之类表面略粗糙的材料才容易上墨。古腾堡根据油画颜料配方，发明了油性墨，附着力强，不易洇染。

中国人不是没有发明金属活字，锡字也做出来了，但金属字模表面光滑不宜上色。王祯在《农书·造活字印书法》中说："近世又铸锡作字，以铁条贯之，作行，嵌于盔内，界行印书，但上项字样，难以使墨，率多印坏，所以不能久行。"金属字、铁条、盔已经很像古腾堡了，但因为中国古代不流行油画，要凭空造出油性墨就很困难，最后这条走到一半的路也被堵住了，非常可惜。

3. 压印机械

要批量化把一整版的字母均匀上色，做到没有轻重浓淡之分、字模细节完整清晰，像按印章一样用手的力量按一按是不行的。古腾堡借鉴欧洲葡萄酒压榨设备，使用手摇式螺旋力臂，并调整了螺距，用以实现足够大力的按压，让纸张平整、色彩均衡。螺旋力臂这个技能点，古代中国恰好也一直没有解锁。

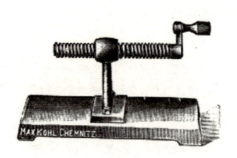

螺旋装置

由上可知，这不是一个印刷工可以做到的事情。印刷工能想到的是"怎样能少刻几个字模"以提升效率；而古腾堡是金匠，专注于硬币制造和珠宝镜子抛光，金匠能想到的是"怎样能多做几个字模"以提升效率，虽然都发明了活字印刷术，思路从一开始就不一样。

让一个印刷业从业者去做技术革新，他更有可能把原有的技术改良到极致，而不是做出革命性突破。要突破，必须跨界，从其他行业获取本行业人士没有的新技能点。

铸造字模、发明油墨、制造压印机，这些都需要高超的手艺和丰富的知识，古腾堡熟知的技能点为他发明活字印刷机打下了扎实的基础。金属加工和机械制造的积累，再加上蒸汽动力就可以开现代工厂，就不再是手工业了。即便不是这位古腾堡发明印刷术，也会有别的"新腾堡""旧腾堡"之类的填上这个空缺。

反观中国古代科技辉煌灿烂，偏偏这几个技能点恰好没有加上，相关产业没有发展起来，产业诞生的科技链就无法形成。相似的遗憾还有古希腊的希罗，两千年前就发明了蒸汽机，可当时周边技能都没解锁，他的蒸汽机啥用没有只能拿来当玩具。在技能点没有解锁的情况下，毕昇凭一己之创意和毅力也难为无米之炊，要做到活字印刷商用更是不可能完成的任务。想都想到了，就是做不到。

• 生态位里的方便面

另一个多米诺骨牌的例子是方便面。

2015年方便面销量大幅下滑，有媒体说经济不行了，大家连方便面都吃不起了；2018年年初显示中国大陆方便面销量止跌回升，又有媒体说经济不行了，大家都去吃方便面了。那么方便面和经济到底有什么关系呢？

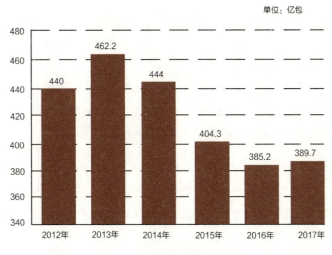

单位：亿包

中国方便面销量[1]

从某种程度上说，每一个行业都像一个物种，会诞生，会死亡，会进化，会灭绝。有些行业像恐龙，曾经统治地球的庞然大物如今已然消失得无影无踪；有些行业像蚂蚁，微小而密集，见缝插针到处都是；有些行业像中华鲟，意义非凡却已经几乎野外灭绝，不得不圈起来保护。和大自然的生态相比，产业生态进化和退化都很激烈，每时每刻都有新的行业诞

1　数据来自世界方便面协会（World Instant Noodles Association），截至本书写作时，尚没有2018年的数据更新。

生，都有旧的行业消亡。

在商业生态系统中，每个行业都有自己的生态位。当不同行业占据同一个生态位时，竞争就开始了。

方便面的生态位是什么？

场景：想要热食。

价格：不能太贵。

优势：方便储存和携带，方便食用，原地就餐。

劣势：营养单一。

方便面的优势在于方便，在都市生活场景中，人们不想出门、不想换衣服的"懒宅"需求日渐增长——永远不要低估人对懒的渴望，绝大多数风靡一时的生产生活工具都是这么被发明出来的。

方便面的痛点在于不太像一顿"正经饭"，为此不少方便面品牌创新出含肉、含蛋、含酸菜包、含一整只鲍鱼等的口味，使其看起来"正经"一点。如果有东西能满足以上需求，甚至满足得更好，同时又更方便、更"正经"，这个需求就会被新事物填补，比如——外卖。

外卖是一个古老的传统行业，唐朝就有了。但这几年的外卖行业大火是在外卖整合平台出现以后。以前的外卖费率很高。因工作需要，我曾经吃了整整一年的必胜客外卖，在外卖平台出现之前，预订必胜客一顿价值28元的商务午餐外卖，不仅需要单独下载百盛餐饮的App，还须另付8元左右的外送费，外送费占午餐总费用的四分之一。平台外卖大大提升了购买效率，拓宽了菜品的选择，降低了外卖费率。

外卖属于餐饮服务业，方便面属于食品工业，分别属于第三产业和第二产业，类比生态圈的话，大概相当于植物界和动物界这么大的差别，但它们的生态位非常接近，都解决速食需求。

速食餐饮行业的兴衰和人口结构密切相关。

以日本的速食餐饮业为例，它的缘起十分明确——奈良茶饭。1657年（明历三年），江户大火，六成房屋被烧，连天守阁也惨遭不幸，史称"明历大火"。之后，幕府从全国招徕工匠，重建江户城。满城的工匠、苦力和武士，大多是单身汉。他们没有家庭做后勤保障，饮食问题迫切需要解决。当时位于浅草金龙山前的一家茶铺制作了煎茶煮的饭，搭配当地的腌菜和豆腐汤。这种料理价格便宜，只需五分钱，套餐制式，仪式感强，热量充足，而且备餐虽然麻烦，但只要提前烧好就能快速上餐，上菜效率十分高。奈良茶饭一经推出，备受欢迎，迅速推广，被后世认为是日本餐饮业的开山之祖。

江户时代的奈良茶饭供应

正如建设江户城的苦力们促成了日本餐饮业的诞生，建设"北上广"的劳动者也促成了中国速食餐饮行业的新生。现在的状况和1657年的江户有什么类似之处呢？都是——

1. 突然涌入大量单身劳动者，有解决个人吃饭问题的需求。
2. 他们的收入和时间有限，要求经济且便利的食物。

哪里有流动人口，哪里就有廉价快餐需求。这群人原来吃街边摊、小饭馆，这是外卖行业的产能基础。大城市一直拥有较为充裕的生产力，但这种生产力被翻桌率牢牢锁死。外卖不仅仅是顾客想"原地就餐"的需求，还是商家想无限翻桌的需求。对饭店而言，饭店的桌子变成了自家的餐桌、茶几乃至床和地板，翻桌的时间和空间不再受到制约，转而变成外卖骑手的送单率，这是外卖行业的物流基础。外卖骑手本身，作为城市化进程中的农业人口鲸落，也是流动人口，滋养着这个又传统又新鲜的行业。

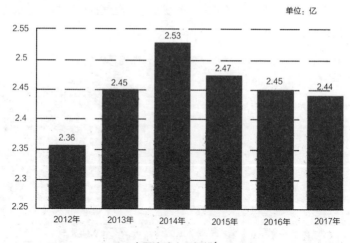

中国流动人口规模[1]

从上图可以看出，在2012—2017年间有一个先升后降的过程。这个图形有点眼熟，好像和前面的方便面销量图有点像。那么我们不妨把两组数据做个对比——

1　数据引自《中国流动人口发展报告2018》，国家卫生健康委员会。

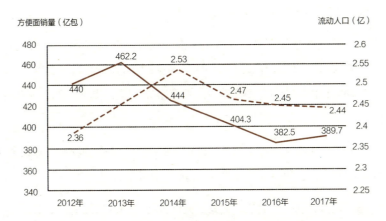

2012—2017年中国方便面销量和流动人口规模数据走势对比

两组数据的走势基本相似，除了2014年本该随着流动人口暴增而销量大增的方便面，意外有一个暴跌。如果这一年数据正常的话，两条线应该会有一个同步的起伏。我们来看看2014年发生了什么。

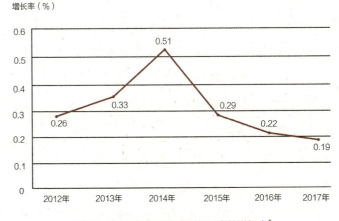

2012—2017年中国在线订餐用户数增长率[1]

1　数据引自《2018Q1中国在线餐饮外卖市场研究报告》，艾媒咨询。

2014年，中国在线订餐用户数量大幅增长。

由于此处缺乏线下餐饮、自热火锅、螺蛳粉等其他品类速食的占比数据，以及非流动人口的点外卖比例，很难由此直接计算外卖用户的增加、流动人口的减少对方便面销量的综合影响。以上只是试着做一些定性的推测。

外卖的火爆很大程度上依靠"懒癌"的传播、平台的物流资源聚合和外卖骑手的人口红利。这个行业会永远这样繁荣下去吗？

起码人口红利是暂时的，尤其是廉价劳动力的人口红利。如果经济继续发展，社会公平进一步推进，外卖小哥和血汗工厂的流水线工人一样，迟早会流向收入更高、工作时长更短的行业。以日本和美国为例，两国的外送人工费用都很高，其中日本是账面数据很高，美国是小费很高，目前美国第一大外卖平台Grubhub甚至还没普及统一配送业务，商业痛点还处于"信息分享"而非"资源整合"。

实事求是地说，大多数人并不喜欢天天做饭。在"好吃懒做"这个天性上，日本人、美国人、中国人和世界上其他地方的人并没有什么不同，发达国家的方向很有可能就是我们将来的方向。在这个生态位上，外卖行业不够火爆的日本和美国是由什么产业占据的呢？

——工业化半成品食物。

冷冻比萨带回家，烤箱预热，芝士融化，15分钟后拿出来开吃。味噌调料包拆开，冲入滚水，脱水海带膨胀，马上是一杯味噌汤。我买过整桶的面包卷，放冰箱里冷冻着，想吃了拆开卷一卷，再烤10分钟就是牛角面包，买过速冻蔬菜什锦包，不洗不切下锅炒，拆两包5分钟即可搞定一盘菜。

好比肯德基门店的工作人员，工厂里出来的标准化半成品，按照标准流程操作一遍就行了。

所以肯德基没有炸鸡大师的概念，这是因为它的工业化。工业化需要严格统一的品控标准，要最大程度削减"人"的差异性，工业不需要匠心独运的制造大师。匠人、大师的概念很受日本传统手工业的追捧，这可能是象征了高附加值，但不代表先进生产力。

工业革命后，工业化的触手伸入方方面面。从珍妮纺纱机开始，大多数工业化产品都以低价、优质抢占旧世界的市场，机织布、机造纸、机制服装/食物/车辆，直到机制的一切。但在餐饮领域，工业化的触手到现在还没有完全伸入。大师傅手炒的菜具有不可替代的口感。如何工业化餐饮业，工业化到什么程度，是人们孜孜不倦努力的方向。

记得某年"3·15"国际消费者权益日，央视曝出外卖店家使用速冻"外卖料理包"、微波炉加热后作为鲜食卖出的新闻。记者本意是劝大家重视健康，不要点外卖，自己烧新鲜菜吃。但后来网络舆论走向完全跑偏。网友从此知道了半成品速冻食物的存在，直接网购外卖料理包，下单、发布评测，围观群众纷纷购买，为自己绕过无良商家感到高兴。

将来若是能在美味和食材丰富性上再做拓展，工业化半成品食物的市场必将大有可为。

外卖的生态位是什么？

场景：想要热食。

价格：不能太贵，但可以比方便面稍贵。

优势：随点随吃，方便食用，不用出门。

劣势：营养比方便面均衡，但大多数比较油腻。

半成品食物的生态位是什么？

场景：想要热食。

价格：不贵。

优势：方便烹饪，不必出门，营养相对均衡。

劣势：口感比较单一。

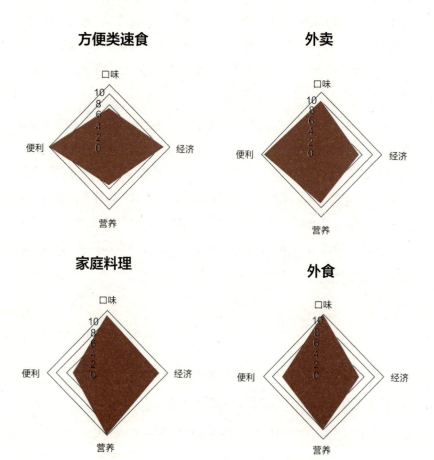

成熟的工业半成品

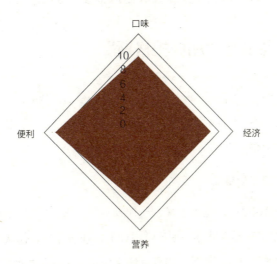

成熟的工业半成品在口味、便利、经济、营养四个维度上虽然表现都不算突出，但十分均衡。

方便面产业业绩下滑，是方便面品牌不够努力吗？是口味还不够多吗？是价格不够低廉吗？

方便面品类欣赏：鲍鱼方便面

和方便面竞争的，不是方便面，行业的竞争来自外部。是外卖，是24小时便利店，是冷冻料理包，是百年工业化向更深处探索的脚步。

1.3 孤岛生态"加拉帕格斯"

品牌运营、公司策略、个人努力、经营哲学……终究逃不过"行情"两个字。而一个行业的行情在哪里，却不是行业中的人能看透的——小竞争看同行，大竞争须跨界。

• 加拉帕格斯群岛

1830—1833年，地质学家、牧师查尔斯·莱尔爵士（Sir Charles Lyell）发布了三卷本著作《地质学原理》。在著作中，他认为每一个物种都为特定的栖息地而设计，当栖息地改变时，这种生物就会灭绝。达尔文曾经是该理论的忠实粉丝，所以他热衷于满世界考察不同地理环境下的不同生物。

1835年9月15日，达尔文乘坐"小猎犬"号来到加拉帕格斯群岛，开始了他的惊奇发现之旅，事实上当时的他并未觉得有多惊奇。在他结束考察离开这里时，他依然是该理论的拥趸。9个月后，回到家的他对一路所见所闻进行总结归纳，第一次对自己坚信不疑的理论产生了动摇——物种，大概可能或许，并非稳定不变的？

加拉帕格斯正是一个如此神奇的地方。

岛屿位于太平洋东部的赤道附近，距离最近的大陆一千多公里。

在时间上，由于海底火山的剧烈运动，群岛中不断有旧的岛屿消逝、新的岛屿形成，地理和气候变化十分迅速。在空间上，由于各个岛屿之间气候迥异，又互相隔绝，地理和气候具备足够的多样性，促成了生态系统的多样性。可以这么说，小小的加拉帕格斯群岛就是地球生态的一个时空微缩版。在别处几百万年、几万公里内发生的演化，在这里被加速了。

加拉帕格斯群岛的许多生物都十分著名，举两个例子：达尔文雀和象龟。

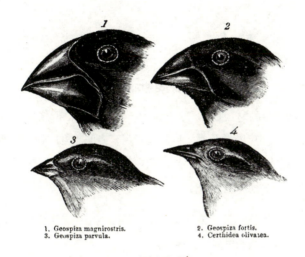

1. Geospiza magnirostris.　　2. Geospiza fortis.
3. Geospiza parvula.　　　　4. Certhidea olivaiea.

4种达尔文雀[1]

达尔文雀本来不叫达尔文雀，是一种在当地生活的小型鸟类统称。加拉帕格斯群岛中的这类小鸟根据不同的饮食习惯演化出13种不同的喙。比如上图中的1为大嘴地雀，主要分布在干旱地区，吃大花蒺藜的种子，这种食物又硬又大，大嘴正合适；图中的4为绿莺雀，主要分布在湿润地区，吃小昆虫，嘴巴细细尖尖。

1　图片引自《小猎犬号航海记》（*Journal of researches into the natural history and geology of the countries visited during the voyage of H.M.S. Beagle round the world*），1845年，查尔斯·达尔文。

两种加拉帕格斯象龟[1]

加拉帕格斯有15种象龟，分布在干旱地区的象龟演化出马鞍状的龟甲，正面看，龟甲中间像驼峰一样高高耸起，方便象龟伸脖子去够高处的树叶；分布在潮湿地区的象龟则是浑圆规整的半球形龟壳，方便象龟穿梭在红树林里，不被地面植被卡住。[2]

这些都启发了达尔文"物种演化"的观念。不久，《物种起源》横空出世，开辟了人类认知世界的全新视角。

加拉帕格斯孤岛式的封闭生态形成了独特的生物群落，这里有世界上唯一在北半球栖息的野生企鹅、唯一的海蜥蜴、唯一不会飞的鸬鹚等数不尽的唯一。加拉帕格斯群岛的生物长期在封闭而独特的生态环境中演化，导致它们精准适应自己的特殊生态，一旦有外来物种入侵，当地生态便会迅速遭遇毁灭性打击。

1　加拉帕格斯的象龟一度数量繁多，因为象龟可以长时间不吃不喝也不会死，有自然保鲜的能力，后来被水手们搬去船上当储备粮，再后来又被大批量数万数万只地运往美国淘金镇作为食物，导致15种加拉帕格斯象龟现在全部易危/濒危/极危/灭绝。此外，在中国水域内，所有海龟都是国家保护动物。拒绝买卖和食用海龟，拒绝消费海龟制品是每一个公民应尽的义务。

2　关于象龟的演化，在BBC三集纪录片《加拉帕格斯》中有非常精彩的画面展示。

比如山羊。看上去人畜无害的外来山羊成为陆龟生存的巨大风险。山羊在食量和行动范围上都远远大于陆龟，会啃光一切可以啃到的植被，令仅存的陆龟面临"被绝食"的境地。动物保护机构的工作人员不得不搭载直升机、扛着猎枪猎杀山羊，以守护仅存的陆龟。

- **产业自闭症**

1978年，加拉帕格斯群岛被列入《世界遗产名录》。世界遗产委员会第2届会议对其的评价是：独特的、活的生物进化博物馆和陈列室，实至名归。但这"大自然珍贵的礼物"放在产业界，不是什么好事儿。

"加拉帕格斯化"是一个源于日语的商业术语，指在孤立的环境下，产品为了适应市场不断地向奇怪的方向演化，进而丧失对外的兼容性；当其面对来自外部适应性和生存能力更高的竞品时，便陷入被淘汰的危险。

最典型的"加拉帕格斯"产业是日本的手机产业，甚至这个词也是为形容日本手机业而生的。

日本手机一直是一个"逆天"的存在。早在日本以外的世界人民还在为短信、表情包欢呼不已的时候，日本手机就已经可以看好几个台的电视直播节目了。日本人1999年发明了手机电子邮件，2000年发明了手机照相，2001年就开放3G网络，2002年全面开启音乐下载，2004年开始电子支付，2005年开启数字电视。[1]与此同时，在中国的我，2005年花2000多元买了一个带有30万像素摄像头的国产手机，已是蓬荜生光。

但是，隐患在极盛时期已经悄悄埋下。

在2G年代，日本手机单独采用PDC制式，其他国家使用的是GSM制

1　本段信息引自《纽约时报》，2009.07.19，*Why Japan's Cellphones Haven't Gone Global*，Hiroke Tabuchi。

式，国外的手机进不来，自己的手机卖不出去，自绝于世界人民。当时的日本手机都是合约机，运营商向手机制造商订货，用户向运营商购买。

1999年，运营商大佬NTT[1]推出了imode平台。内容提供商统一通过该平台提供铃声、邮箱等服务，用户统一通过该平台付费。这款史前App Store在日本大获成功，使得NTT有了极大的话语权，进一步要求手机产商预装imode平台，乃至手机参数、规格甚至UI。这样，留给日本手机创新的空间就小了很多——你既不能自创操作系统，也不能再做一个App Store。

如果你去加拉帕格斯群岛旅行，你会看到岛上的花儿只有两种颜色：黄色或白色，看不到其他颜色的花。白色是因为这最省力，不需要额外合成或摄取色素；黄色是因为——加拉帕格斯只有一种蜜蜂，如果这种蜜蜂喜欢黄色，那么长成其他任何颜色都是没有意义的。

强硬、有话语权的运营商把持着的日本手机生态系统，就是加拉帕格斯唯一的蜜蜂。

这是成就，也是死穴。

日本智能手机的部分功能，在20世纪就已经被成功制造并拥有了巨大的商业成功，但这个功能是被运营商做出来的，而不是手机厂商。从事后诸葛亮的角度来说，这已经不是技能树长歪的问题了，而是整棵树都被砍了，嫁接到莫名其妙的地方去了。

日本手机就在这样一个自闭的系统中开始发展，功能极端齐全，外观

---

1 NTT集团，前身是1952年成立的日本电信电话公社，为日本政府全额出资的特殊法人，日本国内电信业务的唯一经营者，英文名称为"Nippon Telegraph and Telephone Public Corporation"，NTT为其缩写。早年在日本手机运营界的江湖地位相当于中国电信、中国移动、中国联通的合体，1982年在民营化改制中对主要业务进行了拆分。

极端漂亮，无比贴合日本市场。妙的是，故步自封不一定弱，也可以是在激烈竞争中养蛊一样超越所有同侪，一骑绝尘遥遥领先。曾经是何等辉煌灿烂的年代啊！由于先进太多，日本手机割掉imode功能在中国也备受欢迎，夏普、索尼爱立信、松下，当年哪一个不是响当当的名字？

"日本的手机就像达尔文在加拉帕格斯群岛遇到的特有物种，奇妙地进化到与其大陆表兄弟不同。"[1]

——东京庆应义塾大学教授Takeshi Natsuno

但凡封闭的生态系统，遇到入侵物种就会分外脆弱。

当iPhone登陆日本时，摧枯拉朽、势如破竹。大屏幕、无键盘、触屏操作、菜单简捷、好多免费应用、不用看说明书就可以用的人性化界面……吸引了对手机十分挑剔的日本用户。其间还有一个插曲，当初iPhone和NTT谈合作谈崩了，是软银集团以相当大的让步接纳了iPhone，为了弥补软银网络硬件上的不足，孙正义狂推免费公共WiFi，起到了很好的效果。

后面的故事大家都知道了。下表为日本IT调查公司BCN公布的2018年日本最受欢迎手机榜单。

2018年日本最受欢迎手机榜单

排名	手机型号	厂商	市场占有率（%）
1	iPhone 8	苹果	25.4
2	iPhone X	苹果	6.1
3	iPhone 8 plus	苹果	4.5
4	Xperia XZ1	索尼	4.3

1　引自《纽约时报》，2009.07.19，*Why Japan's Cellphones Haven't Gone Global*，Hiroke Tabuchi。

排名	手机型号	厂商	市场占有率（%）
5	AQUOS sense	夏普	4.0
6	iPhone SE	苹果	3.7
7	P20 Lite	华为	3.2
8	iPhone 6S	苹果	3.0
9	iPhone XS	苹果	3.0
10	P10 Lite	华为	2.7

前十名全部是大触摸屏智能机，iPhone 8一骑绝尘，日本本土品牌仅存两席。

• 越强越弱

问：企鹅是一种笨拙的动物吗？

很多人会下意识地形容企鹅"笨拙地行走"。人类所见企鹅大多所见于陆地：企鹅们艰难地用小短脚支起圆润的身体，一摇一摆地前进。

可你见过水下的企鹅吗？它们流线型的身体像鱼雷一样敏捷有力。帝企鹅在水下的速度可达20千米/小时，每秒5～6米，何等飘逸！它们的身体是为游泳而设计的，而不是为走路而设计的。成年的极地企鹅在陆地上没什么天敌，走再慢、再笨拙也不耽误事儿。

想要在水里灵巧强壮，就不得不在陆地上蹒跚；想要在陆地上长途奔驰，就没办法在空中哪怕滑翔；想要在高空盘旋俯冲，就不能在水下灵巧游泳。如果一种生物不得不同时在海陆空其中两种或两种以上环境中生活，它只能两种都不擅长：鳄鱼游得不算最快，跑得也不算最久，但它应付两边刚好足够。生物不断根据环境改变自己的身体，没有谁能同时占尽优势。

问：有没有一种能绝对完美地适应环境的生物呢？

我们先假设有。

假设有那么一种生物，它的肌肉刚好强壮到足以捕捉它所需要的食物，不需要强壮太多——否则就会浪费热量，热量太多说明食物太丰沛，在这样的生态下生物往往会选择更多地繁殖而不是更壮的肌肉；它的皮肤、毛发刚好厚实到足以维系它的体温，不需要太厚——否则就会散热不畅。这样完美的生物可以生活在一个稳定的环境里，绝对适应，绝对优秀。

再假设，突然环境来了一个波动。

环境波动太正常了。比如含氧量下降了，那些肺动脉粗细刚好、血红细胞不多不少的动物就不得不死去，用体表气孔换气的大型昆虫也会感到窒息。

再比如气温上升了，那些皮毛足以御寒的动物，就会因散热不畅降低活性而减少生存机会。而原来那些血管过于粗大、皮毛过于单薄的动物，反而有了生机。

在加拉帕格斯群岛的圣克鲁兹岛（Santa Cruz Island）以北，有一个小岛，称为达芙妮小岛（Daphne Island）。这里生活着一种达尔文雀叫"勇地雀（Geospiza Fortis）"，它们吃较小的植物种子，有较小的鸟喙。1977年，岛上爆发了一场干旱，小种子不够勇地雀们吃，它们中一部分嘴巴比较大的，开始吃大花蒺藜的种子——一种比较大的种子。这些吃大种子的勇地雀因此有了生存优势，继而带动了整个勇地雀族群下一代鸟喙尺寸的变化。勇地雀鸟喙的平均尺寸开始增大。

不久，大花蒺藜的种子吸引了另一种达尔文雀——"大嘴地雀（G.magnirostris）"来到岛上，这种鸟的体积是勇地雀的两倍，嘴很大，更适合吃大种子。勇地雀打不过大嘴地雀，被迫回去吃小种子，平均鸟喙尺寸又开始减小。2004年，又一场干旱爆发，大花蒺藜大量减产，大量勇地雀和大嘴地雀被饿死，勇地雀鸟喙的平均尺寸也暴跌。[1]

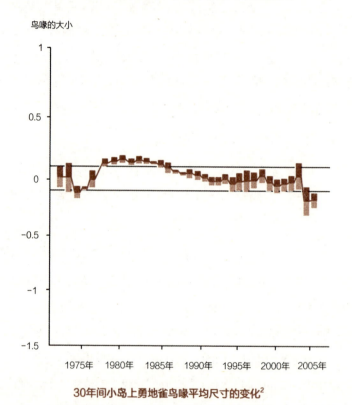

30年间小岛上勇地雀鸟喙平均尺寸的变化[2]

准确地说，这不该叫进化。达尔文本人在《物种起源》一书中用的原

1　关于勇地雀的叙述引自《斗嘴的达尔文雀》，中国科学院遗传与发育生物学研究所，汪鸿儒著。
2　图片引自《科学》杂志，2016.06.14，*Evolution of Character Displacement in Darwin's Finches*，Peter R. Grant, B. Rosemary Grant。这是一个主成分分析结果。鸟喙的大小可以和很多成分相关，比如宽度、深度、表面积等，这些成分彼此关联，非独立（比如鸟喙很长，那么宽度就不会太窄）。此图把6个相关成分分析成同一个度量值，用来描述鸟喙的大小，它是长度、宽度、面积等的协同结果，所以纵坐标没有单位。

文是"Theory of evolution"，他本人当初的确有"进化"的意思，认为生物变化有方向性，但evolution现在已多指"演化"。勇地雀的嘴巴忽大忽小，我们也不能说它们一直在进化，它们只是在努力适应环境的变化，这种变化是没有方向的。严复翻译的《天演论》风行全国，书名的原文为"Evolution and Ethics"，可见严复对evolution的翻译为"演化""变迁"。毕竟蟑螂已经生存了上亿年，而人类发展从智人算起也才二十多万年，我们还太年轻，很难说从树上爬下来、拼智商、发展生产力的策略到底是不是"进化"的正确方向。

2004年的干旱让岛上勇地雀的数量从1300只暴跌到150只，鸟喙平均尺寸大大下降。我们知道成年鸟的喙是不可能变大变小的，平均尺寸下降只能说明大量辛苦进化得嘴巴比较大的勇地雀被饿死了。

进化赶不上变化会死得很惨。若有什么生物真的能完美适应环境，那便不易有机变的能力。盛极而衰，盛衰并不仅仅是时间顺序，也是因果关系。产业也是一样，这些年变化太快，要比惨的话，日本手机业应该还不算最惨。

有很多被失败扼杀的公司，可你见过被成功扼杀的公司吗？

伊士曼柯达，这家以胶片制造称霸一时的公司破产重组时，很多人叹惋它的古板滞后，大概没有人会想到世界上第一台数码相机是柯达发明的。1975年，柯达应用电子研究中心发明数码相机，它的存储媒介是磁带（下图右上方），黑白双色显示，分辨率为100像素×100像素。

1986年，柯达发明了世界上第一个百万像素传感器。

1991年，柯达发明了世界上第一台商用单反数码相机。

世界上第一台数码相机

1996 年，柯达的销售额接近160亿美元；1999年，它的净利润达到25亿美元，蒸蒸日上，财报漂亮。也是在这一年，柯达成为第二大数码相机制造商——虽然在造数码相机上，柯达不是很在行，平均每卖出一台相机就亏损60美元。[1]

柯达从来不是一家故步自封、保守古板的公司，在企业战略设计上也绝非孤岛心态，在国际化上颇具野心。1981年，柯达在北京建立新中国成立后的中国第一家柯达办事处。

---

1 引自《福布斯》，2011.10.01，*How Success Killed Eastman Kodak*，Peter Cohan。

"98协议"

全称《中国影像工业企业与美国伊士曼柯达公司合资、合作框架》。[1]

1987年，中国共有7家相片纸和胶卷生产厂家，在外国产品进入后受到极大的冲击。国家决定开放相关产业的对外合资，建立中国人自己的优质胶卷。柯达在经过和有关部门的多轮谈判后，共同达成了"98协议"，其主要内容：柯达与7家感光企业中的6家进行合资合作（乐凯除外），共投资12亿美元。中方则承诺，在协议签订的3年时间内，不批准另外一家外资企业进入中国的感光材料行业。[2]

"98协议"是柯达一个长远的市场策略，他们赌中国的改革开放会成功，中国人会富裕起来，中国市场会给予它们足够的回报；相对地，柯达要付出的是日本产胶卷的高额关税和在中国工厂不断追加的投资。

但柯达猜到了开头，没有猜到结尾。

在柯达辛苦扩张的年代里，中国人还太穷，没有足够的钱买胶卷。我小时候买胶卷必用柯达，售价30元左右一卷，那时候普通国企工人的月收入大概600元，算是相当奢侈的"玩具"，只有在重大旅行中才会使用。当年的风景区隔三五步就会有个中年男人像鸵鸟一样撅着屁股把头埋在脱下来的深色外套或皮包里——换胶卷。当时外出旅行的人也不多，胶卷的消耗量相当有限。

而等中国人有钱有闲拍照片了，柯达也把自己的门店扩张到8000家，随后，数码相机和手机拍照以迅雷不及掩耳之势取代了胶卷。柯达中国左

1　引自《跨越——柯达在中国》，中信出版社出版，2005年，袁卫东，第56页。
2　引自《北京青年报》，2004.2.24，"富士彩卷为何惨败柯达'98协议'抢得先机"，段世文。

手一个套牢右脚一个踏空。

要是进化可以自由选择，要是未来可以预知，要是当年加拉帕格斯的勇地雀知道后来会天上掉下个大嘴地雀抢食，一定不会辛辛苦苦把嘴巴进化那么大，既何苦，又何必。

关于数码相机，又是一段痴心错付的故事。

当初如日中天的柯达并非如很多人所说的忽略数码相机业务。直至2005年，柯达的数码相机EasyShare在美国的销量还是排名第一，市场占有率达到40%。[1]但神奇的是接下来的走向：柯达花了大量精力在把数码照片实体化上，即便是客户买了数码相机，它们也希望客户最终能把他们需要的照片打印出来。

这个思路在当时有其合理性。

一是巨大的思维惯性，回忆起来，经历第一代数码相机的受众都会有一个时期：只把记忆卡当暂时储存工具，真正挑选好的照片要攒一攒洗出来，整整齐齐装进塑胶制的家庭相册里。毕竟那时候云端信息存储服务还不流行，电脑也不见得十分靠谱。

二是柯达胶卷的毛利润率达到了70%，这毛利润率已经和巅峰时期的网游公司有一拼了。胶卷这么赚钱，我又是做胶卷做得最好的，为什么不鼓励大家用胶卷？于是柯达开发了很多类似的产品，其中一个和它们的数码相机搭配，叫EasyShare多功能底座打印机（Kodak Easyshare Printer Dock，就是下图所示的这台机器），号称"可以不用电脑就直接把相片打印出来"。虽然放在今天，这名字、这功能都让人觉得挺好笑，但在当时，把照片一键打印出来分发给亲友，可能还真的是最easy的share方式。

---

1 引自彭博新闻，2007.9.17，*Kodak: Mistakes Made on the Road to Innovation*，作者为Steve Hamm 和William C. Symonds。

柯达 EasyShare
多功能底座打印机 3 系列

柯达3系EasyShare相片打印机，已停产

显而易见，这个装置的下场不太妙。做胶卷，直到今天，柯达依旧是最好的，只是我们不需要它了；但是做打印机，要超越惠普可不容易。

柯达，那个时代活得无比滋润的公司，因其在胶卷业务上无可争议的竞争力，无法从现金牛业务中脱身，旧时代的最强音止步于数码时代的黎明，可谓成于斯败于斯。

我们无法苛责柯达什么，归根结底，这是一家生产、销售胶卷的公司，胶卷年代结束了，柯达也就结束了。正如我们汽车时代开始了，曾经做马车做得最好的木工作坊，必然要让位于做发动机做得最好的冶金作坊（此处先不讨论雅马哈这种既做木工又做发动机的公司）。

"乔布斯重新定义了手机"，这话很实在。归根到底，诺基亚是一家移动电话公司，移动电话的年代从大哥大迅速开始到诺基亚迅速结束了，以苹果为代表的智能手机是一个可以打电话的个人信息终端机，它们不是一个东西。iPhone冲击作为传统手机界终极王者的日本手机，甚至都不是大嘴地雀之于勇地雀，而是相当于一群登陆加拉帕戈斯的松鼠，它们已经不局限于鸟喙的大小，不管大种子小种子，它们有爪子，都能抓来吃。

谁是下一个被锁定的目标？

我看到美国沃尔玛最近很努力，满脸都写着求生欲。

二十世纪六七十年代以"农村包围城市"策略起家的沃尔玛，以一站式购物著称，号称不放过5000人以上的小镇市场，一个镇一个镇、一个州一个州地迅速扩张到美国全国。所以沃尔玛的优势之一就是摊子铺得大。

如今美国人和中国人一样，越来越懒得出门购物了。他们更愿意在Amazon上下单等快递，或是去Costco一次性买足一家人两周的食物。摊子大成为成本控制的桎梏而不是销售的优势。

沃尔玛作为一代"传统"超市，这几年大力求突破。它们很积极地做网站在线销售；它们在社区放电子冰柜，做生鲜配送的最后一公里；它们在纽约做同城代购，筹备相关人工智能系统；它们把公司法定名称从"Wal-Mart Stores"更改为"Walmart Inc"，希望弱化其只做门店的刻板印象，强调其电子商务属性；它们一家一家地收购电商，跟乐天合作卖电子书；它们还一边悄悄地关掉生意不好的门店。

根据最新一季财报，沃尔玛美国电商销售额同比大增43%，2018年第4季度销售额同比增长4.2%，在全美零售业下跌的大行情下，算是非常漂亮的成绩单。

品牌运营、公司策略、个人努力、经营哲学……终究逃不过"行情"两个字。而一个行业的行情在哪里，却不是行业中的人能看透的——小竞争看同行，大竞争须跨界。柯达跨不过去的界，沃尔玛正在顽强跨越，能不能跨过去，我们拭目以待。

1.4　行业封印，以保护之名

闻名世界的日本艺伎[1]，鼎盛时期有8万余人，如今不足2000人，最知名的祇园花街，艺伎不到200人。重视弘扬文化传统的日本人，为何保不住这张国家名片？重重呼吁和呵护之下，行业为何依旧岌岌可危？艺伎行业的消亡真的如媒体所说是因为"传统保守"和"经济不振"吗？最根本的原因是什么？有哪些行业曾经鼎盛，却面临同样的困局？请看今天的"走近花街"。

- **祇园花街之颓势**

曾经有一部好莱坞大片在中国和日本同时遭到了抵制——《艺伎回忆录》。一些日本人觉得"怎么能让中国人来演我们呢？何况演得不像。"一些中国人觉得"中国人怎么可以去演日本人呢？何况演艺伎。"不知当时美国人反应如何。这部片子要是现在拍，以现在的主流价值观，在美国大概逃脱不了被批判"文化挪用"的命运。

这部电影中关于艺伎，从发型到服饰，从舞蹈到举止，无不浸透了美国人对日本这一隐秘行业的东方想象——白人男性凝视中的东方世界，并非真正的东方。

以京都艺伎为例，她们的发型、发饰、服装、舞蹈都是江户时代的样式，至今没有大的改变。艺伎的和服、发饰由专业手工艺人士代代相传固

1　在日语中也作"艺妓"，日本的艺妓并非妓女，原则上不提供性服务。

定式样，什么季节、什么资历的舞伎[1]戴什么花、画什么妆，都有固定范式，腰带结的打法也是固定的，甚至举手投足的仪态也有标准。这种严格的标准化塑造了艺伎统一而独特的形象，也是艺伎自我认知的一部分。

因此《艺伎回忆录》并不忠实地"服化道"在日本引起了不小的抗议，包括电影的蓝本、美国作家阿瑟·高顿的小说《一个艺伎的回忆》也被女主人公小百合的原型岩崎峰子告上法庭。艺伎岩崎峰子还为此专门写了一本中译名为《岩崎峰子：真正的艺伎回忆录》的自传来澄清真相——虽然我觉得阿瑟·高顿的小说充满了肥皂泡猎奇，但岩崎峰子的自传也不乏自我感觉良好的矫饰，都很难说是真相。

艺伎行业出现于江户时代，繁荣于二战前，1928年全日本约有8万名艺伎。她们一度是全日本最时髦的女性，知名艺伎的受关注度不亚于电影明星。二战时整个艺伎行业遭到了极大的打击。[2]1944年，日军垂死挣扎之际，强行关闭了艺伎工作的茶屋、酒吧和艺伎生活的置屋[3]。许多艺伎去军工厂工作，有一些被迫成为妓女，有些则躲到乡下一夜之间自食其力，如《艺伎回忆录》里的女主人公小百合。1945年日本战败了，她们被允许重新营业。然而短短一年，战后的世界已经发生了天翻地覆的变化。

战败后同盟军占领日本，使日本的民族自信心遭受史无前例的打击。海外——主要是美国——的生活方式随着海外物资和思想的流入迅速席卷日本。在战后的喧嚣和忙乱之下，艺伎传统优雅的表演技艺和大和抚子式的人设开始被推崇。她们不再是时髦女郎，而是刻意保留传统的妆容、服

1　在日语中也作"舞妓"。

2　文字信息引自路透社，2008.3.22，*Modern-day geisha triumphs in closed, traditional world*，Elaine Lies。

3　置屋：英译Okiya，指接受年轻女孩入行、组织舞伎艺伎培训、中介晚宴服务，并提供舞伎住宿的机构。京都祇园所有艺伎都要挂靠在置屋名下，置屋的女主人被舞伎和艺伎称为"妈妈"。

饰、舞蹈、音乐、礼仪，成为缅怀旧日时光的遗迹。

我在花柳街从二十世纪六十年代一直住到七十年代，那个时候日本正在经历着由后封建制国家向现代社会的激进转变。但是我却生活在另外的一个世界中，这个特殊领域的使命和身份依附于久远历史传统的保留。而我的生活则几乎完全围绕着这个使命。

——《岩崎峰子：真正的艺伎回忆录》，岩崎峰子

这些传统的保留，是二战后艺伎受欢迎的重要原因。这些优雅美丽的姑娘，用她们专业的传统文化素养和应酬功夫，建立了最日本的文化符号，为在战场上失落的日本达官显贵们找回失去的民族自信。

这是艺伎行业的第二次繁荣，也是最后一次。这一次辉煌后，整个行业就一直走下坡，到今天全日本不足2000名艺伎。行业中最有格调、训练成本最高的、公认最有日本气质、最正宗的京都祇园艺伎区，舞伎和芸伎[1]加起来不足200人。这已是近年来日本政府大力支持、民间大力捐助保护下的成就。

关于艺伎行业式微的原因，有很多猜测。譬如日本政府反腐败导致政界、商界的大佬不敢消费、价格太贵、培训成本高、服饰昂贵、对古典文化感兴趣的客人太少、训练太辛苦、当代中产阶层女孩不肯屈尊，等等。可这些都经不起推敲。任何一个长盛不衰的行业，在发展中都会有各种各样的变革。美国的黑人牧师可以唱rap吸引信徒，日本茶道工具的手工艺人开始用电动车床，有什么是绝对不能改变的？

1　在日语中也作"云妓"。

京都祇园宫川町芸伎 君波

大佬不敢消费，那就争取中产团购，降低单位价格。培训成本太高，那就改进教学方法，提高教学效率，把艺伎教学的师生比降低，尝试搞一搞视频教学，一对多教学和视频教学接合。服饰昂贵，可以让为艺伎服务的手工艺人不要固执于全手工制作，很多机器比人做得好，为追求人工情怀而追求人工情怀真的没意思。情怀太贵了，要不起。对古典文化感兴趣的客人太少，可以改变古典文化的表现方式，加入新鲜元素吸引现代客人。训练太辛苦，那就降低可减少的工作量，比如现在还让新进门的小姑娘当杂役、刷马桶、折衣服，不许小姑娘用智能手机，把人都吓跑了。

可能有人会说这是传统文化，改变了就不传统了——但改变好还是消亡好呢？

昆曲比艺伎出现早四百年，够传统了吧？我们现在不但能看到青春版《牡丹亭》，还能看到昆曲《罗密欧与朱丽叶》、实验昆曲《我，哈姆莱特》、新编昆曲《春江花月夜》、3D昆曲电影《景阳钟》、新昆曲"水磨新调"万人演唱会……写这篇文章的当天，我又看到了2019江苏大剧院"当德彪西遇上杜丽娘"的跨年演出。我们的新生代昆曲演员如单雯、施夏明、张争耀等粉丝无数，更令人欣慰的是，粉丝们大都相当年轻。

这就叫活着的艺术，这就叫不死的传统。

"老先生留下来的传统相声总共有一千多段，经过我们演员这些年的不断努力，到现在，还剩四百多段了。"

——相声演员郭德纲

老先生的传统相声虽然了不起，要是只讲老先生的，不讲新先生的，难保观众还爱看。《笑林广记》的段子，我多半都笑不出来了。我在台北看德云社的演出，上千人的剧院挤得满满当当，气氛火爆到郭德纲本人都感到意外。大家是来看郭德纲于谦这两位"新先生"的。

反观艺伎，最被媒体津津乐道的东西，不是她们的妆容有多好看，她们的舞蹈有多优雅，她们的歌声有多动听，而是她们的表演有多"传统"。甚至艺伎自己和艺伎行会也得意于自己200年未变的妆容和生活方式。

所以这个行业是从什么时候开始走下坡的呢？

拿自然界举个例子。我们知道，即便没有人类破坏，生物也会有新物种的产生，也会有旧物种的灭亡，产生和灭亡的速度都相当缓慢。那些灭亡的生物，是什么时候开始灭亡的呢？从它们进化速度赶不上大自然环境改变的速度起，就已经开始敲响丧钟了。

人类改变自然环境的速度非常迅速，让很多动物的进化速度根本跟不上，导致了大规模的物种灭绝。当然也有进化神速的个案，比如英国工业革命后，曼彻斯特的环境变差，蛾子栖息的树皮变黑。为了防止被鸟类吃掉，这些蛾子的颜色在五十年里迅速变深了。之前所说的勇地雀的鸟喙尺寸变化也是快速适应环境的案例。

行业生态发展也是这样，再古老的行业，能活到今天，必然是随着人类社会环境的变化不断进化的。日本的艺伎行业从定下"坚守传统"的规矩后，就相当于"拒绝进化"——从二战后它们决定坚守自己的传统不再改变起，这个行业就已经走向了灭亡。即便是日本经济腾飞期，整个行业又迎来了第二春，也不过是趁着近风口浪尖飞起来的大型回光返照而已。

艺伎行业被做成了蝴蝶标本，被钉死在玻璃盒子里。姑娘们戴着当年的发饰，穿着当年的服装，跳着当年的舞，犹如被封印。这个行业永远如初，不动不变，不腐不蠹。

- 限与不限之争

两千多年前的柏拉图提出一个概念叫"理式"，他说天下桌子千千万万各不相同，但桌子的"理式"只有一个，那就是桌子的概念。

如果我们现在要训练一个AI识别一张桌子的图片，这并不容易，人都没有概括出桌子的概念呢：桌子可以是四条腿的、三条腿的、磁悬浮没腿的，可以是木头的、铁的、树脂的，可以是方的、圆的、不规则的……

最初的桌子应该是很好定义的。正如最初的牛仔裤是非常好定义的：宽松直筒剪裁、斜纹牛仔布原料、靛蓝染色的工装裤。这就是给自己"设限"，画地为圈，以区隔于其他裤子，树立了独特的产品形象。但是赚钱不嫌多，一旦形象稳固，生存空间确立，人就会想着往外扩张，凭什么牛仔裤不能变一变呢？

现在的牛仔裤有紧身窄裤脚的，有超薄面料的，有印着斜纹装牛仔布的，颜色有红的、白的、绿的。把自己的业务范畴定义得越广泛，所触及的市场就越深远，机会就越多——这是产业的自我"不设限"。

"设限"以求江山稳固，"不设限"以求开疆辟土。

下图所示为19世纪90年代意大利热那亚地区的传统女装，衣服用的布料即牛仔布，这种耐用的布料为当时贫困阶层所常用。英文中牛仔裤jean/jeans源于法语Genoa，即"热那亚"这个城市的名字。[1]很多文章会提到牛仔布源于李维·施特劳斯（李维斯创始人）用帆布给矿工做裤子，这是一个虚构的故事。

19世纪90年代意大利热那亚地区的传统女装

近百年来，人类总体上一直在往"社会化大生产"的方向不断前进。专业化分工不断发展，因此行业越来越多，岗位越来越细。每一次行业的自我限制，都是一个新的细分产业的诞生，这本身符合历史发展的规律。

我们再来看艺伎行业。这个行业是从暧昧不明的歌舞伎演员和游女

1　该信息引自词源搜索引擎，网址参见链接2。

（即职业妓女）行业中细分出来的。在行业发展初期，当时法律禁止艺伎卖淫，以免和当时的妓女正面竞争。艺伎们被迫和周边行业划清界限，意外建立了一个摆脱色情意味、追求高雅情趣的细分市场。

举一个不恰当的例子：我们一般觉得闭关锁国是落后的经济和外交政策，虽然美国总统特朗普不一定这么想。朝鲜王朝在16世纪、17世纪时实行闭关锁国政策，在文化上却收获了一个大大的好处——形成了独特的朝鲜文化，现在的朝鲜文字和朝鲜传统服装都是在那个时候形成的。这是一种自主自愿的"加拉帕格斯"效应，画地为牢，自封一个孤岛。从朝鲜王国的角度来说，如果不是闭关锁国，朝鲜文化极易融入中华文化的汪洋大海，成为中国东北文化的一个外延，从而失去其独特性。朝鲜王朝也将失去其凝聚民族向心力的重要工具。

几乎所有行业刚刚细分化的时候都是这么干的。

第一款黄酒被发明出来的时候，或许只是随便叫黄酒。但等制造者稍微有一点点野心，他就会强调"只有我是黄酒""只有稻米制作的酿造酒，酒精含量低于20°，呈琥珀色的才能叫黄酒"。如果你们谁都能叫黄酒，那"黄酒"市场就太混乱了，"我"的竞争对手也太多了。等到黄酒中的绍兴人酿酒打出了名声，他们就会要求进一步收缩，进一步细化定义——"绍兴黄酒"——原产地保护策略。

2001年，"绍兴酒"成为中国第一个原产地保护品牌。在日本市场，本来台湾产的"绍兴酒"是主流，此后台湾产绍兴酒从保护前的80%的市场占有率下降到25%左右，自我设限的好处显而易见。但为什么可口可乐就不需要"亚特兰大可乐"的原产地保护？苹果也从来没有强调过自己的原产地郑州呢？要解答这两个问题，我们得先来看下面的例子。

1987年肯德基作为第一家在中国开设分店的快餐公司，当时叫"美国肯德基家乡鸡"。肯德基的全称是Kentucky Fried Chicken，肯德基即Kentucky（肯塔基州）的音译，这是美国南部一个州的名字。这种命名法相当于兰州拉面、沙县小吃。但无论是兰州拉面，还是沙县小吃，还是KFC，都没有强调自己的原产地，这里的地名更像是一个单纯的品牌名，即使不知道肯塔基州在哪里，也不耽误我们吃肯德基。

1992年，肯德基在上海开了第一家门店，位于外滩上海总会大楼

这三者的目标市场是星辰大海，广阔无边。沙县小吃是沙县人在全中国做的小吃，而非沙县本地做的小吃，可口可乐也是全世界的可口可乐，而非用亚特兰大自来水才能做出来的纯正可乐。绍兴酒的原产地保护，既不能让外地人卖绍兴酒，也不能让绍兴人把酒厂开出去。绍兴酒业觉得出去开厂赚的钱还不如把台湾绍兴酒赶出市场赚得多，所以选择这么干。

绍兴人限制了什么是绍兴酒，德国人则限制了什么是"啤酒"，台湾市场上花花绿绿的菠萝啤酒、桃子啤酒在德国人眼里统统不能叫啤酒，这限制了啤酒能做大的市场，却强化了啤酒现有的市场。可见德国人觉得开拓果啤市场的受益小于固化"德国啤酒"品牌形象的受益。

所以说这种产业细分，是一把双刃剑，是一种程度较轻的主动选择的"加拉帕格斯"。要不要自我设限？这是个微妙的问题。

不设限，分不清本领域和外界的边界。艺伎的问题，就在于自我设限太多，直接给限死了。原产地保护只是产地，啤酒是指保护酿造工艺。艺伎呢，限制一切。

艺伎居住的置屋都用电灯了啊，老板娘还打电话接待客户呢，这个行业还要求年轻舞伎（一般15~21岁）必须一周做一次发型，为了保持发型，她们不能洗头，睡觉必须用一种高高的木质"箱枕"把头垫起来——酷刑啊。你要说恪守传统吧，年长一点的芸伎（一般21岁以上）就可以戴假发套不用真头发。所以这不是什么保留古典发型的传统，而是等级社会尊卑分明的传统。

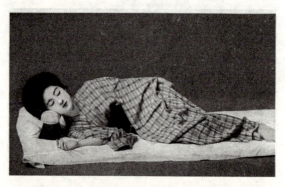

日本早期明信片上的艺伎。当代京都舞伎依然被要求使用这种被称为"箱枕"的枕头睡觉，看上去对颈椎压力不小

传统本身不值得我们守护，传统中的好东西才值得我们守护，所以是好东西值得我们守护，不论它传统还是现代。

一般生物自带基因突变，有突变好的，也有突变坏的。但一个生物若完全没有基因突变，先不解释它是怎么从原核生物变成现在这个样子的，也能预期这个生物的灭绝，只是时间问题。

我小时候对进化论有误解，认为"长颈鹿总是伸长脖子去够树叶吃，所以脖子变长了"。这其实是法国生物学家拉马克的"用进废退"说，已经被现代分子遗传学证伪了。后者认为生物的性状功能无论再常用或不常用，也不会编码到染色体中。达尔文的观念是，脖子长的"鹿"能吃得更好，所以脖子长的活了下来，脖子短的死掉了，千秋万载之后，剩下的就都是长脖子的鹿了。

进化的最终目的是物种的繁衍。人类的惰性正是因为摄入过量的热量和减少热量消耗能提供更多的生存机会而形成的，"好色"则是为了繁衍。为此，我们不停筛选不适合繁衍的基因，渐渐从猴子变成了人。对基因而言，改变不要紧，不再是猴子不要紧，重要的是要能始终延续。

如果我们真心想要一个行业延续下去，就要试一试大自然几亿年的智慧——突变。温和点说，那叫改变，深刻点说，那叫变革。

瑞典人Samuel West在赫尔辛基开了一家"失败博物馆"，里面收集了来自世界各地的70多种产品和服务，顾名思义，这些都是失败品。其中不乏苹果、谷歌、索尼、诺基亚这样曾经红极一时或现在还风光无限的跨国公司的产品。有趣的是，这家"失败博物馆"由瑞典政府创新机构提供部分资助。显然，瑞典人很清楚失败是变革不可避免的代价。

昆曲也有做成歌舞伎形式的，罩着死沉死沉的华丽硬袍子唱戏，身段都看不见了。观众不喜欢，后来就不做了。谁也不知道观众喜欢什么，那就慢慢试错呗，不断筛选符合时代氛围的东西，渐渐成为新的东西。

允许突破，允许玩过火，允许失败，只有时间知道这到底是第一个吃螃蟹的人，还是第一个吃蜘蛛的人。

1.5 为什么说"行情大过天"

近现代有很多动物因为人类活动而灭绝，其中只有极小一部分是被人类直接杀光的，绝大多数的灭绝原因是人类破坏了它们的栖息地，导致整个生活环境被破坏，继而灭绝。

如果用生态环境去类比商业环境，那么传统零售业的式微不是因为电商或宜家这种新兴零售模式的正面围剿，而是由于传统零售业的栖息地消失了，传统零售业失去了它们赖以生存的土壤。

· 天时地利婴儿潮

2018年，美国著名的玩具销售商"玩具反斗城"[1]开始破产清算，陆续关闭在美国、英国和澳大利亚的门店。在中国开得红红火火的玩具反斗城，为什么在美国"挂"掉了？换句话说，在美国"挂"掉的玩具反斗城，为什么在中国开得红红火火？

都说一个人的命运，不仅要看个人奋斗，还要考虑历史的进程、天下的大势。一个行业的兴衰，从小处看，受经营策略影响；从大处看，由大形势决定，即所谓的"行情"。传统农业有句话叫"靠天吃饭"，所谓的天，不是指神仙上帝，而是指外在的客观条件。天决定了农业，行情决定了其他产业。所谓形势比人强，行情大过天。玩具反斗城就是这样一家跟着行情走的公司，随风而起，风停而落。

1948年，一个叫查尔斯·拉扎勒斯（Charles P. Lazarus）的二战老兵从战场归来。他发现几乎每一个跟他聊天的人，都在说要"回家，结婚，生孩子，实现美国梦"。感受到了商机的他迅速创立了一家销售婴儿

---

1 英译为Toys "R" Us，美国大型跨国玩具连锁店，成立于1948年，曾经是全球最大的玩具连锁店，破产关闭于2018年6月29日。

和儿童用品的超市。他的思路是对的：1946—1964年间爆发了美国史上规模最大的一波婴儿潮。

出生率（%）

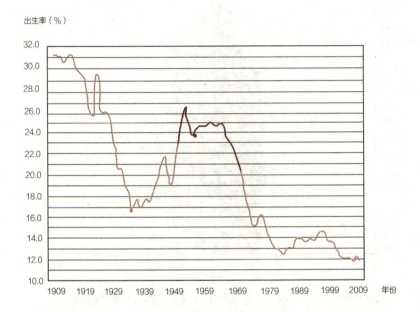

美国一百年间每年的人口出生率（每1000人中出生婴儿的数量）。[1]**其中，1946—1964年是美国史上最大规模婴儿潮时期。1969年、1989年也有两次生育小高峰**

婴儿潮和地震一样有余波。婴儿潮本体高峰期过后，在二十多年后，这拨儿婴儿到了生育年龄，如果没有特别的事情发生，就会带来第二波婴儿潮，同理第三波。好比投一块石头到池塘里激起的水波，余波一波比一波弱，最后彻底消失。妙就妙在这波婴儿潮又大又长，1946—1964，整整18年。1965年婴儿潮本体刚过去，1946年出生的人也差不多可以生孩子了，余波接上了本体，形成一个绵延不绝的大行情。

---

1 数据引自美国疾病防控中心。

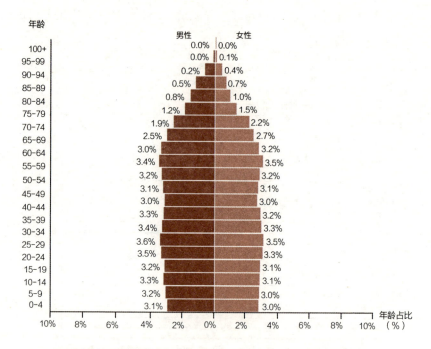

2018年美国人口年龄分布。[1]年龄在52~70岁的即婴儿潮时期出生的人口，有一个鲜明的高峰，之后47岁、27岁也分别有两个余波小高峰，分别对应上一张图中1969年、1989年的两个生育小高峰

　　对玩具反斗城而言，它们要做的，就是趁1946—1964年婴儿潮的利好，起飞到足够的高度，积累足够的能量滑翔着度过两个婴儿潮之间的销量低谷期，直到下一个婴儿潮继续积蓄能量。它们安然度过了婴儿潮后第二个生育高峰（1968—1971年）、第三个生育高峰（1982—1995年），然后，美国生育率不断下降，第四波浪接不上了。

　　2017年，美国出生率连续第二年创下历史新低。30多岁女性的生育率

1　数据引自美国人口调查局（United States Census Bureau），制图来自《华盛顿邮报》，2018.03.15，*Toys R Us's baby problem is everybody's baby problem*，Andrew Van Dam。

也在下降，而很多人原以为这30岁到40岁正是千禧一代组建家庭的时候。但是尽管处于最佳生育年龄的女性人数增加了，2017年出生的婴儿却比2007年少了50万。从2007年到2017年这段时间内，美国女性平均生育数从2.1下降到1.76，而2.1正是所谓的"替代率"，也就是在没有移民移入的情况下维持人口总量的生育率。从长远来看，这个趋势不逆转的话，会导致严重的人口结构与财政问题，玩具反斗城作为婴儿和儿童用品销售商，对行情的反应十分敏感。

借着婴儿潮的大行情，玩具反斗城搭上了顺风车，迅速扩张。如下图所示，2005—2008年之间有一个非常迷你的生育小高峰，这也是玩具反斗城最后的回光返照。婴儿潮结束了，行情也就结束了。

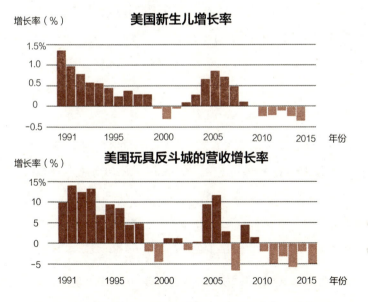

上面一张图为美国新生儿增长率，下面一张图为美国玩具反斗城的营收增长率。二者呈现出鲜明的正相关特性

玩具反斗城的破产是很多因素共同作用的结果，人口下降是一个大行情，实体零售业颓败也是一个大行情。亚马逊一将成名万骨枯，老牌零售希尔斯申请破产保护，梅西百货多家店接连关闭，家大业大的沃尔玛美国在电子商务扩张上用尽了所有求生技能……所以说，不是玩具反斗城不行了，而是整个玩具实体零售业不行了。

· 人口结构和政治行情

然而人口年龄结构变化对玩具反斗城的影响不止于此，不仅影响经济，也同样影响政治。有玩具反斗城能预料到的经济风险，还有预料不到的政治风险。玩具反斗城破产的直接原因，是特朗普的税改政策。

在1982—1995年的回声婴儿潮之后，玩具反斗城的表现日渐疲软。董事会决定出售这家公司。2005年，玩具反斗城被私募基金贝恩资本、私募基金KKR和地产信托Vornado联合收购。这是一次"杠杆收购"（leveraged buyout）操作，投资方以66亿美元收购，但实际只支付了13亿美元，还有53亿美元是通过抵押这66亿美元的资产流获得的，要用玩具反斗城自己赚的现金去还。

这好比我用130万元首付买了一套660万元的房子，剩下的530万元就用把房子出租的租金来慢慢支付，以租养贷。一般房贷是20~30年，但理论上说，如果我们长生不老的话，银行也允许我无限期地永续贷款——只要我把房子租出去，并且收回的租金能抵上530万元的利息，财务上就可以一直运作下去，向天再借五百年。

这在资本运作上算常规操作，收购方打的就是这个算盘。但我们也能清晰地看到杠杆的风险：1. 房租下跌；2. 贷款利息增加。

收购后的十余年间，公司光是支付利息，就花了5亿多美元。根据之前的老税法，利息部分可以用来做税收抵扣，这对高负债企业是个利好。即便如此，公司的现金流仍然非常紧张，导致玩具反斗城在电子商务疯狂冲击的年代，没有资金去做线上的扩张。这相当于一个人营养不良，只好卖血买粮吃，在永动机已经被证伪的年代，这种操作必死无疑。

2017年年底，特朗普税改法案在国会上通过。新税法禁止了原先上不封顶的利息抵税政策，规定未来4年利息抵扣不得超过12个月EBITDA[1]的30%，大大增加了玩具反斗城的应纳税额，即便在所有利润都去填补利息窟窿仍然填不满的情况下，也要缴纳巨额所得税。正是这临门一脚，将苟延残喘的公司踢下深渊。[2]

受这项政策影响最深的是高科技产业、新兴产业，看着就不是民主党会做的事。作为共和党的特朗普的上台，也是很多原因促成的结果。其中一个重要原因：婴儿潮，还是婴儿潮。

在美国，年龄结构深深影响政治格局。如下图所示，可以看到横亘在不同年龄段之间的政治立场鸿沟。西方各国往往如此。英国青年在脱欧公投前曾力争把投票年龄下调到16岁，有马后炮分析机构调查表示，如果当时这事成了，公投就通不过了。

1　EBITDA是指未计利息、税项、折旧及摊销的利润。
2　税法解读引自路透社官网，2017.12.21, *U.S. tax curbs on debt deduction to sting buyout barons*, Joshua Franklin。

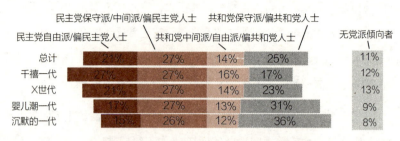

美国不同年龄人群间关于党派立场和意识形态的鸿沟[1]

　　一直以来，美国年长者喜欢共和党，年轻人喜欢民主党，偏好差别非常明显。

　　婴儿潮英文叫baby boomers，boom有经济繁荣的意思，中文来得更传神——"潮"，浪潮。无论在人生的什么阶段，他们永远是年龄层里的大多数，永远是一股不可忽视的压倒性力量。投票时，他们流动到哪里，哪里就是浪潮之巅。婴儿潮这批人年轻时，民主党有优势；他们年老时，共和党有优势，风水轮流转。

　　下图是特朗普选民的人口结构分析，第三块内容为人口年龄结构。婴儿潮时期出生的人参加投票时都在52周岁以上，他们对共和党的偏好非常明显。

1　图片引自皮尤研究中心官网，2017.03.20，*A wider partisan and ideological gap between younger, older generations*，Shiva Maniam & Samantha Smith。

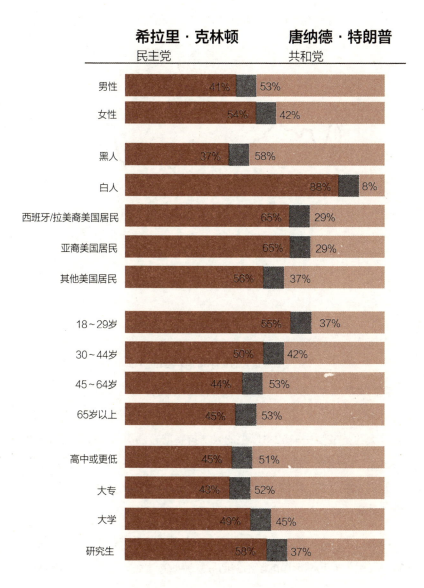

《纽约时报》2016年美国大选出口民调统计

下图为2016年美国大选时关键州佛罗里达州的选民年龄和选票分布。

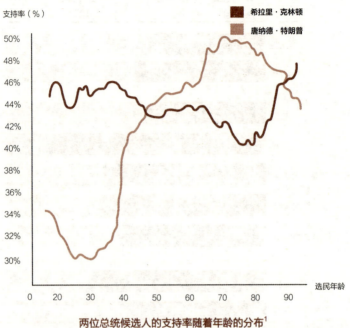

两位总统候选人的支持率随着年龄的分布[1]

我们发现在年轻人中，希拉里受到更多的支持，她和特朗普的支持率在某个年龄段开始分庭抗礼，之后特朗普的支持率就超越了希拉里。这个分界点大约是52岁——52岁以上的人支持特朗普的更多。投票时52岁的人，出生于1964年，婴儿潮最后一年。当年52~70岁的选民，是婴儿潮一代，他们人数众多，哪怕只对共和党提供一点点微小的贡献，也足以在分毫定胜负的总统大选中造成决定性的结果。

综上所述，在美国，玩具反斗城，因为婴儿潮发家，因为出生率暴跌败家，又因为婴儿潮选民的政治倾向导致特朗普上台，导致新税改相对保

---

1 图片引自 The New Public, 2016.09.20, *Don't Blame Millennials for This Scarily Close Election. Blame Baby Boomers*, Brain Beutler。

守的金融杠杆政策出台，导致公司因此陷入利息税利空，从而破产。总之，老子说得对，福兮祸之所倚，祸兮福之所伏。

- **人口结构**

一个公司需要这种利好—利空—利好—利空的婴儿潮波动，就像鸟儿起飞需要风的助力。不管逆风顺风，只要有风，鸟儿自会去找合适的方向腾空。但对于一个经济体系而言，这种波动会导致社会资源的错配，是风险。婴儿潮时出生的这批人年轻时，全社会一起享受人口红利，当这批人年老时，全社会一起负担医疗保险和社会保险。

根据联合国人口基金（UNFPA）的定义，人口红利指：人口年龄结构变化可能带来的经济增长潜力，主要发生于工作年龄人口（15~64岁）的占比大于非工作年龄人口（14岁以下，65岁以上）时。

社会中总需要劳动者养活不劳动者，生理上不劳动者一般为"老弱病残幼"，相对"老幼"，"弱病残"的比例较低，且不太可能有非常大的波动，因此青壮年比例越高，就越容易获得生产力的提升。人口红利不仅指劳动者数量多，还指不劳动者数量少。

这里有一个概念叫"抚养比率"：

$$抚养比率 = \frac{0\sim14岁人口数 + 65岁及以上人口数}{15\sim64岁人口数} \times 100\%$$

中国20世纪80年代开始实行的严格计划生育，尤其是城镇一胎化政策，让上述公式中的分母迅速减小。

中国在1962年三年困难时期结束后，迎来了中国历史上出生人口最多、对后来经济影响最大的婴儿潮，让上述公式中的分母迅速增加。

如果单独看城市中的分母，考虑到中国的城镇化进程，以中国的人口体量，毫无疑问这是人类史上最大的城镇化，释放了大量的农业劳动力，导致城镇抚养比率的分母远超生育率的增量——这便是我们常说的当代中国规模惊人的人口红利，受益者主要是城镇。只要人类不爆发第三次世界大战并战后复兴，大概很难再看到这么大的体量。

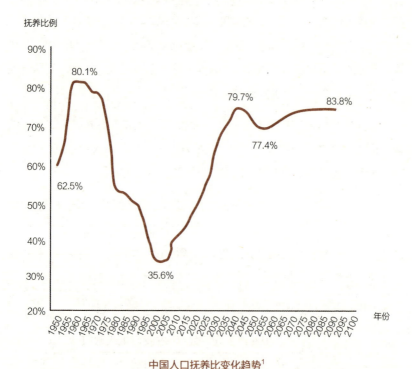

中国人口抚养比变化趋势[1]

从上图可知，2010年是人口红利巅峰时刻。1975—2010年，这是抚养率快速下降的时期，正是中国经济快速上升的时期，是改革开放辉煌壮

---

1 数据引自联合国经济与社会事务部发布的《世界人口展望：2017修订版》（*World Population Prospects: The 2017 Revision*）。其中每隔5年记录一个抚养比数据，1950—2015年为实际数据，2020年以后为预估数据。联合国根据高中低出生率和固定出生率做了4个不同的出生率基准，做了4个抚养比的预测，此处采用的是中等出生率版本。

丽的40年，是一波全球罕见的大行情。赶上这波行情的人，因为周围所有人都处于行情之中，往往对自身的幸运没有足够的认识。

我在台北念过书，一开始有点嫌弃周围同学的精神面貌：太缺乏上进心了。大多数人不是整天萎靡不振，就是整天沉溺于小确幸，行业前沿不追，国际热点不了解，眼界只有三米远，日常讨论哪个明星有八卦、哪里猪扒饭最好吃。这可是商学院啊，怎么都没有赚大钱、迎娶白富美/高富帅、走上人生巅峰的梦想呢？我的老师们倒是积极进取，热情满满。

日本的年轻人好像也被这么看，被戏称为"平成废物"，日本的上一代则被称为"昭和男儿"。可以去搜一下日本二十世纪八九十年代可口可乐的广告，广告中展现的日本人二十世纪七八十年代阳光健康、昂扬奋发的精神面貌令人过目难忘。1990年，也是日本抚养率最低、人口红利最大的一年。

人口红利对经济腾飞是一个促成因素。而经济腾飞时期的人，对未来充满了希望，阶层是流动的，广阔天地大有可为。很多"80后"的起薪，比父辈退休前的月薪都要高。新兴产业中从中层到高管都是年轻人，新人都想着"工作几年我也能做到""时代是属于我们的"，一切都很乐观。

反观我的同学，台湾的名牌大学毕业，不少人起薪还没20世纪80年代末父母的起薪高，工作还没父母当年好找，连续十几年起薪没什么变化，入职后三年不加薪，心理上对未来就已经没有期待了。公司里都是头发花白的老人家在做决策。老人家不退休，新人就没有上升空间，这辈子也就这样了，反正台北的房子也买不起，不如讨论猪扒饭。

我直到毕业后遇到一些白手闯荡的"95后"和"00后"，才意识到这些。"95后"和"00后"虽然有了更优质的教育，更丰富的信息，但也面临了更固化的财富分配，其中孤身奋斗者，无论是要安居乐业还是要出人头地，都比改革开放初的"70后"、信息时代初的"80后"，要难得多。因为轮到他们打天下的时候，这波行情已经结束了。

从2010年左右起，中国社会抚养指数止跌回升，昭告着人口红利的结束。抚养比率分"老年人抚养比率"和"少儿抚养比率"，中国的少儿抚养比率自2000年以后就相对稳定，预期也相对稳定，上图波动主要源于老年人抚养比。"80后""90后""00后"们的养老问题都十分堪忧，尤其是"90后"和"00后"。

现在很多人梗着脖子说不生孩子，"不如攒钱老了养自己"。生不生孩子是个人自由，但认为攒钱就能解决问题的想法不仅缺乏动态分析的态度，还缺乏统筹发展的大局意识。

现在的人可以"老了自己养自己"，不代表将来还可以。今天的退休工资+资产收益可以养得起自己，不代表将来还可以。

中国目前的抚养比约为38%，即每100人中，有62人负责赡养或抚养38人，也就是说，每人要赡养或抚养0.6人。根据联合国《世界人口展望：2017修订版》中的预期，到2050年，也就是"90后"退休的年龄，抚养比率是67%，即每1个劳动力要赡养或抚养2人。

抚养比越低，人口红利越大，日子过得越轻松。还可以拿前面那张图跟父母解释：你们是养老金最多的年代，我们以后不会有这样的好日子了。

从理论上说，所有财富都是劳动者创造的，而不是空口挂在账面上的。如果大家都不生孩子，养老金会通胀，资产会贬值，房产会下跌，消费品会更贵，护工价格会很高，一切皆有可能，老人日子会更难过。就算你超级有钱，可以不难过，平均线上的普通人也会难过。所以，你不生孩子不要紧，但可以支持别人生，支持两性平权[1]，支持各种生育激励政策，支持增加社会化育儿便利，或换个思路——支持中国在未来必要时开放年轻劳动力引进。对于那些有意愿、有能力生孩子的人，我们要鼓励他们、支持他们，从他们的孩子纯真的笑容里看到自己的养老金——这才是一个理性的人的选择。

1　一般认为性别平等对生育率有一个先降后升的影响。"先降"是指随着妇女受教育程度的提高，生育意愿会下降；"后升"是指，随着性别平等观念和政策的深入，在妇女生活和职业上会有更公平和友善的育儿环境，妇女的生育意愿会上升。

第 2 章
chapter 2

时间的竞争——心甘情愿被榨干每一秒

新产业的诞生无非两个立足点：一、千方百计帮人节省时间；二、千方百计帮人把节省下来的时间支配出去。

2.1 生命的乐趣在于支配时间

毫无疑问，人是最喜欢玩、也是最能玩出花样的动物。人为什么喜欢玩？或者说为什么熊孩子精力那么旺盛？这不是一个心理学或社会学问题，而是一个生物学问题。

相比成年动物，动物幼崽总显得更活泼一些。在哺乳动物中，食肉目的幼崽更活泼，比如猫科动物幼崽、人类幼崽。在险恶如加拉帕格斯群岛的环境中，大家都活得战战兢兢、如履薄冰，但是，海豚、海豹、海狗依然很喜欢玩耍，海豹玩海蜥蜴，犹如猫玩耗子——不是为了吃，单纯是玩性大发。这种玩法很消耗来之不易的热量。

为什么动物需要玩呢？

玩，是探索和捕猎的训练方式。通过玩，小动物们探索外界信息，和外界互动，训练肢体运动协调能力，积累、打磨生存技能。不喜欢玩的小动物的学习和探索能力堪忧，长大后容易被饿死。幸存者的基因都是爱玩的。

爱玩，就像爱吃高热量食物以长肉、爱偷懒以节能一样，是从我们还在树上当猴子时就深深刻在基因里的难以割舍的偏好。好吃懒做、爱玩好动，都是人类赖以生存和进化的本能。

早期的玩无非追逐打闹、拈花惹草，人类发明了语言后，可以用语言玩——唱歌、聊天、讲故事。等人类发明了文字，可以用文字玩——阅读。除了抽象工具，还可以绘画、雕塑。还可以用抽象思维玩——下棋、观天象。

万变不离其宗，玩的本质是：对外部世界的探索和发现，对思维和运动能力的练习和精进。

有人说，玩不就是"娱乐"嘛！快乐是玩的结果，不是玩的本质。人的基因觉得"玩"有利于生物延续，所以反馈给人玩的"快乐感"作为鼓励。就像人的基因觉得"性"有利于生物延续，所以反馈给人性快感作为鼓励。

我们发明了很多种工具供人玩：玩具、游戏、篮球、小说、电影、电子游戏……

有没有发现这些玩的东西有共同点？这些东西在不同历史时期都被孩子的家长讨厌过，并且，它们都能提供"刺激"。

- **人类本能：追求刺激**

先定义一下什么是"玩"，我的定义是：不以解放和发展生产力为目的、追求外界"刺激"的活动。

这个"刺激"非常广义。看书是文本通过视网膜刺激你的大脑，打篮球则是听觉、触觉、视觉多种综合刺激，如果有人没有用止汗露，还会有嗅觉刺激。吃海底捞就是嗅觉、味觉刺激，往往还有听觉。刺激的对立面是"没有信息刺激"，也就是"无聊"。正如"爱"的反义词不是"恨"，而是"忘记"，"好玩儿"的反义词不是"厌恶"，而是"无聊"。

有个恐怖的人体试验，叫"感觉剥夺试验"：把人关在一个无光感、无声音、无气味，连气温也是体感最佳温度的环境里，尽一切可能杜绝人体的刺激。据报告，这样几个小时后人就会有幻觉，时间再长一点大概会疯掉。实验室开了很高的报酬给志愿者，志愿者多待一天就可以多得一天的报酬，但没有人能在"感觉剥夺"环境中坚持3天以上。

我很确定，如果他们给我一个联网Kindle和含5分钟白噪声的可循环音频播放器，我可以安静地蹲到实验室破产。显然实验设计者也很相信这一点。

1956年，心理学家J.C. Lilly 在美国国家精神健康研究中心设计了一个更高级的感觉剥夺试验。在实验中，他设计了一个装满温水的大箱子，让被试者浸入其中。他不是第一个做此试验的人，但是他是第一个设计出这个水箱的。水箱温度和人的体温一致，相当于剥夺了一大部分体表感觉。他还让被试者带上呼吸面罩，剥夺光感和声音。报告表示，实验中最厉害的被试者坚持了3个小时。[1]

非常有趣的是，这套实验装置现在被人用来做放松水疗，叫漂浮仓。在美国的价格是1小时100美元，据使用过的朋友表示，虽然看着像躺棺材，但实际相当减压，同等时间内睡眠效果翻倍。你看，人生讲究平衡，太刺激就和没刺激一样都不愉快，就像饿着和撑着都不舒服。

[1] 该实验的相关信息源自书籍*The Guineapigs*，1974年由Penguin Books出版，作者为John McGuffin。

印度一家漂浮仓机构的介绍广告，介绍上说会对听觉、视觉、嗅觉、触觉进行感觉剥夺

　　这说明"刺激"就像食物和水一样，是人类生存不可或缺的东西。对刺激的欲望，像食欲一样原始、日常、不可或缺。

　　动物福利学中有一个名词叫"刻板行为"，指动物无目的、无功能的重复行为。这种行为一般发生在圈养的动物中，尤其是动物园或封闭空间内丰容不足时。比较典型的刻板行为有：大象朝固定方向反复摇头晃脑、猫科动物沿着同一条线路重复跑圈、鸟类过度梳理羽毛等，这意味着动物已经因为过度无聊产生了心理问题。

丰　容

　　指在圈养条件下，尽可能向动物提供环境刺激，以提升动物的心理和生理健康程度。比如，在动物园的猩猩馆里种大树、搭秋千供攀爬，在小熊猫馆里给石头蘸染其他动物的气味，在豪猪馆挖个坑让它有点儿"个人"隐私等；给家养宠物提供猫爬架、狗玩具也算丰容。

动物犹如此，人何以堪。

我本人有一项令西方小伙伴惊掉下巴但毫无用处的技能，这也是中国现代青年共有的特长——转笔，有人怀疑这是长时间枯燥的课堂教学导致的人类刻板行为。我们太无聊了，不得不在有限空间内给自己找一个合法的、小小的刺激，以尽量保护心理健康。

之前我说小动物尤其爱玩，小孩子也尤其热衷于刺激，正如他们比成人更热衷于高热量食物。对孩子来说，衣食无忧以外最可怕的事情就是"无聊"，即缺乏外界各种信息的刺激。

作为曾经的没有电脑和手机的"80后钥匙"儿童，家长们往往不让孩子出门、不让看电视、不让看金庸小说，在只有教科书的卧室里，我能无聊到把墙上世界地图中佶屈聱牙的汉译地名背下来，把报纸广告版的征婚启事一行一行读完。在那个古老的时代，"上大号"时看洗发水成分表是人类共同的记忆。这么无聊的东西也有人逐字阅读，说明人多么抗拒缺乏刺激，多么害怕被动发呆。

所有的刺激都有门槛，但门槛高低不同。

比如有人搓麻乐此不疲，但不会搓麻的人站在边上看得云里雾里；有人听相声乐不可支，但中文不行的外国人就一脸懵。学习麻将规则、熟练中文听力就是这两种刺激的门槛。十年前我第一次听昆曲的时候，本来是连续三个晚上的大戏，第一天我就困得睡着了，后面两天亏了门票也不去——我听不懂，就算能看懂现场字幕，我也不会欣赏那造型、身段、唱腔。这十年间我听了不少戏，熟悉的本子词儿都会背了，慢慢摸到一点儿欣赏的皮毛，听十位演员唱同一支曲子，渐渐能听出门派传承、口音乃至个人特质。现在我能愉快地听戏了。在这十年里，我自己爬过了这个门槛。爬过的门槛越多，能欣赏的东西就越多，能乐在其中的机会就越大，也会觉得这个世界越来越有趣了，人越活越有意思了。

玩"泥巴"（MUD游戏）的门槛很低，玩《巫师3：狂猎》的门槛就高了，玩高等数学和科班哲学的门槛更高。哪个更刺激？看看谢尔顿和陈景润，你会意识到攀登学术高峰最刺激。父母和老师如果能拉着孩子的手，帮他迈过这个门槛，接下去的事就不用愁了，他自己会去找更刺激的。

有些人比较幸运，机缘巧合过了"自主学习"的门槛，从小学开始就在各种奥林匹克竞赛班收获了足量刺激，成为一个"学习让我快乐""我根本停不下来做题"的人。我身边就有这样的人。有这种在刺激上能自给自足的孩子，家长就可以烧高香了。

科学、艺术、体育竞技都是非常刺激的事儿，没被刺激到是因为门槛还没过。我认识一个天天健身、业余组乐队、对事业充满了激情和理想的中年教授，羡慕的不是他有如此成就，而是他有如此成就还能如此乐在其中。我就只能从天天可乐烧烤、业余打游戏、面对任务期限无限拖延中获得乐趣。

人对刺激的接收和反馈，是一个注意力聚焦的过程。如果这种刺激令人愉悦，那么它就让人快乐，如果这种刺激令人不快，那么它就让人不爽，如果这种刺激无法激起人的任何感觉，那它就是抑郁，是对一切外界变化的不感兴趣。这里有一个很常见的误区，"你有抑郁症啊！那多想想开心的事情吧！"抑郁不是不开心，而是没感觉，对开心不开心都失去了感觉，是注意力的失焦。各种刺激的反馈让人意识到自己活着——不论活得好不好，但抑郁让人丧失活力。一个精神健康的人，都会倾向于接收和反馈新鲜的刺激，"聊胜于无"，退一万步说，如果还爱打游戏、吃烧烤、喝可乐，也算是心理健康的一种表现。

- **沉迷游戏的本质**

老鼠公园

"老鼠公园"源于加拿大科学家布鲁斯·亚历山大[1]做的一项成瘾性相关研究。一般的实验白鼠，都被关在单调的笼子里。亚历山大教授则给老鼠搭了一个老鼠公园，里面生活着16~20只性别不同的老鼠，这些老鼠的平均生活空间是标准试验鼠的200倍，具备足够的丰容，保证充分的交配空间——真正的老鼠乐园，想必其中的老鼠的日子过得也是充实而愉快。亚历山大教授通过实验发现，对照标准鼠笼的老鼠，老鼠公园里的老鼠不仅不易于吗啡成瘾，而且即便是已经成瘾的老鼠，在老鼠公园里也更容易戒断。[2]

科学漫画《老鼠公园》，2013年，斯图尔特·麦克米兰[3]

---

1 Bruce K. Alexander，加拿大心理学家，专注于毒品成瘾性研究。

2 该研究发表于*Pharmacology Biochemistry and Behavior*，影响因子2.781。之后有人重复做这个实验，也曾得出不同的结果。虽然我本人欣赏这个结论，但可信度请参考以上信息。

3 斯图尔特·麦克米兰（Stuart Mcmillen）是一位科学漫画家和独立众筹漫画家，他的官网见链接3，部分漫画有中文版。

　　这告诉我们，也许成瘾不是因为意志薄弱，而是因为日子过得太枯燥了，精神生活太贫瘠了。

　　"沉迷游戏"的小孩，大多也是因为在生活中缺乏刺激，在游戏里找补。

　　相对过去的孩子，现在的孩子能在更小的年纪遇到更低门槛、更高强度的刺激，比如手机游戏。注意，低门槛不是低水平。游戏本身是了不起的艺术形式，正如小说作者写作是一个低门槛职业，谁都可以写小说，但这不代表鲁迅是可以被轻视的小说家。和传统的电视相比，游戏的门槛其实还高一点。

　　有些孩子的成长环境比较普通，没有成年师长拉着他们踩过高水平刺激的门槛，只能自己摸索着去找刺激，这样摸索出来的刺激，往往是低门槛的。古老的年代就是玩泥巴、摸鱼虾、看电视、租小说。人会在门槛内找最愉悦、最刺激的东西玩儿。这是人的天性，是动物性。

　　在美国的贫民窟，有个代际问题是"单身少女妈妈"。"成长环境中有没有父亲"甚至是影响孩子未来职业和收入的最重要因素之一。其中当然有性教育不到位的原因，但换个角度想，性是更原始的刺激。没有手机游戏，他们一样要去找刺激。

　　人类对性，尤其是男人的性功能，总有某种微妙的迷恋：一个女人被说消化不良没什么，一个男人被说性器不举似是奇耻大辱——器官功能不佳，这本是一样的事。

　　《大西洋周刊》资深编辑凯特·朱利安在其《性欲降级》一文中认为，当代网络休闲方式的丰富对性生活造成了竞争。我倒觉得这是个好现象，人类发明了比做爱更有吸引力的娱乐方式，这很值得庆祝。人一旦吃饱了，食欲就会下降；刺激饱了，对刺激的需求也会减退。

宏观一点看：所有的刺激，都是竞品，都是可替代的。

回到打游戏这个难题，要怎么避免小朋友沉迷游戏呢？

拉着他们的手跨过各种各样的门槛，让他们不被广阔的刺激拒之门外，音乐、美术、文学、艺术，一项项去试，总有上道儿的；带他们玩真正的好游戏，高质量游戏，就像高质量的小说和音乐，是真正的艺术品，有利于精神的丰沛和智慧的增长。

好，我承认我"何不食肉糜"了。这两条都是高成本措施，不但要花钱，还要花时间，还要花人力，还必须是受过良好教育的人力，这意味着更高的成本。

之前有一则新闻，讲大学生去偏远贫困地区支教，让当地孩子许愿想要什么生日礼物，孩子说想要一台可以玩某知名手游的手机。这让人心痛：不是说这款游戏不好，而是说明孩子贫瘠的世界里，没有什么东西比那个游戏更刺激、更值得期待。那些被家长带着逛迪士尼、骑马、滑雪、环球旅游的孩子，虽然可能也会玩手游，但手游在他们的世界里，就不会这么被看重，他们有的是选择。骑马、滑雪、玩手机，对家长来说涉及阶层认同，意义非凡；可对孩子来说，都只是打发时间的娱乐工具，差别只在于哪个更好玩而已。

但许多人看不到这点，只是一味讨厌孩子打游戏，甚至采取极端手段让孩子戒掉游戏。

有人很乐观：中国电竞队都在亚运会夺冠了，假以时日，游戏也能正名吧？以前也有篮球运动员，因小时候放学打篮球会被骂；以前也有作家，因看闲书、写闲文被认为不务正业。电子游戏被家长排斥，和电竞运动员是不是职业一点关系都没有。

什么时候看闲书、打篮球不被骂了呢？电视机、录像机全面普及后。家长觉得，你看电视还不如看书打球呢。现在手机游戏普及了，就有家长说，你还不如看电视呢。现在看电视已经成为参与度高的、值得鼓励的、有益身心健康的家庭集体活动了，这在我一个"80后"眼里看来还蛮魔幻的。毕竟我们小时候都会一门手艺：听着家长回家的脚步赶紧拔插头给显像管降温，否则就要等着挨骂。什么情况下打游戏会被接受呢？我在新闻里就看过一个例子：一个孩子整天在外面打架混道，父母说你出去浪还不如在家里打游戏呢。

所以家长讨厌的不是游戏，而是孩子不受控制的闲暇时间。篮球、小说、游戏，都是收割时间的产品，以前就是听小曲儿、熬鹰、斗蛐蛐儿，爱玩儿的本能基因里写着、娘胎里带着，从未改变。不过近年来因为新技术的兴起，这些本能被收割得登峰造极。

· 从掠夺注意力到掠夺时间

作为中国新媒体广告的第一代从业人员，我有幸见证了广告业巨变的那几年。第一代新媒体广告不是手机，甚至不是电脑，而是电梯间的显示屏——江南春的"分众传媒"，中国广告史上浓墨重彩的一笔。

在此之前，打广告的思路大多是尽可能吸引受众的"注意力"，比如强调广告出现的位置和频率——报纸头条、整版、反复出现等，比如强调广告内容的质量——色彩醒目、朗朗上口、过目不忘等，这些都是为了增加受众对广告的印象，增加广告到达效率。

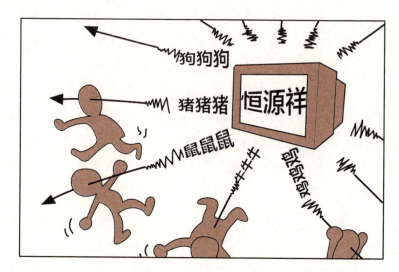

广告"恒源祥，羊羊羊"，一代人难以磨灭的记忆

但从"分众传媒"开始，另一个思路出现了。

之前说人怕无聊、怕没有外界信息的不断"刺激"，没手机没报纸的时候，上厕所时能把洗发水成分表反复阅读、一字不漏。所以，在智能手机出现之前，最好的广告场景是拍着公共厕所的门，一个隔间一个隔间地送传单。类似的场景有没有呢？拍脑袋能想出两个：

1. 飞机客舱内。以前坐飞机不让开手机，所以机场书店开得特别好，飞机杂志的广告到达率也特别高。

2. 等电梯和坐电梯。在没有智能手机的年代，这几秒钟你啥也不能干，有啥看啥，喂啥吃啥，啥都能看进去。

这和"旧媒体"的思路就不一样，它不再抢夺注意力，而是开始争取抢夺受众的"时间"，尤其是犄角旮旯的、注意力无处安放的零碎时间。

十年前，江南春在杭州开会说"广告围绕人的生活"，他觉得这是未来的大方向。但当年没有智能手机什么事儿，我当时能想到的最科幻的事儿也不过是目光所及都是大屏幕广告，没想到现在都是小屏幕。江南春本人可能也很难料到——不仅仅是广告，如今几乎一切互联网产品都在抢夺受众的时间。

比如我下载一个某航空公司的App，它说打卡、签到送积分。我用某保险公司的App，它鼓励我每天去做任务，发帖、点赞、看新闻。这两个产品都不是做内容输出的，在线时长不能转化为营收。它们也加入了这场时间掠夺战。

再比如，几年前我陪合作商做一个大调研，其中有一个月的调研地点是在城乡接合部那种烟熏雾绕的小网吧。友商项目的市场总监，一个抹发胶喷香水的中年精致男人，换了一件脏兮兮的夹克，亲自蹲在网吧门口抽烟，遇到来上网的年轻人就递一根，聊几句。他带了一个团队，几十个人，分别是名牌大学心理学系、营销学系、广告系毕业的专业人士，散布在小镇上的各个网吧，做同样的事。

他的公司总部里还有一个团队，分别是名牌大学社会学系、人类学系的硕士生，忙着制定专业的问卷调查表，做采样的量化分析。友商还有一个数据分析团队，每天24小时采数据、拟模型、分析目标用户/流失用户的各种情况，出具各种意见。这些只是友商市场部的人。友商还有规模庞大且实力雄厚的研发部，根据这些数据反馈，制作用户喜欢的东西。友商还有运营部，还有公关部，还有法务部，还有行政部——所有这些人都是为了做一件事情——制作游戏，然后卖掉。

小网吧的顾客往往出人意料得年轻，很多才十六七岁，没有念完高中。他们在附近工厂的流水线上工作，拿着最低的薪水。结束一整天枯燥单调的工作后，他们脱下斑驳的工装外套，叫上一瓶饮料，坐下来，享受最放心惬意的时刻。

当这两拨人在网吧相遇，聊得眉飞色舞、称兄道弟。年轻人不知道，那个递烟给他的中年总监，满脑子想的是怎么套他的话，怎么抓他的弱点，怎么做他喜欢的游戏，怎么让他沉迷。总监本人比上网者多半辈子的人生阅历，总监背后有高学历、高收入的专业团队，这是一场严重不对等的较量。我对总监说，这群人收入也不高啊，怎么盯着他们调研呢？总监说首先他们付费意愿挺高，其次，他们的确花不了太多钱，但他们有时间，愿意花时间陪着那些花钱的用户玩，也算是很大的贡献。

无论是游戏，还是社交平台、短视频网站、自媒体等，背后都有这样一群人在为之勤奋工作。所以如果你对这些东西中的一项或几项欲罢不能，那不是你的错。一个个体怎么能对抗那么强大的资本机器呢？他们生来就为攫取你的时间而存在。

2.2 时间红利下的内容井喷

1959年在莫斯科举行的"美国国家展"上，东道主赫鲁晓夫和远道而来的美国总统尼克松进行了一个"姓资姓社"的讨论，史称"厨房辩论"。尼克松展示了美国最新的厨房设备，并两次强调"我们希望让妇女过得更轻松"[1]。放在现在，总统说这种话第二天就会被女权主义挂墙头——敢情下厨房只是女人的事儿？

事实上，以便利高效为诉求的美式厨房的确大大减少了女性做家务的时间。在全世界范围内，另有一次大规模的女性家务时间下降，并非因为女权主义活动推动了男人做家务，而是因为家用洗衣机的普及和推广。这说明让男人洗衣服，比让男人发明洗衣机还要难。如今家务小家电的发挥

1　尼克松原文为"we like to make life easier for women" "What we want to do, is make life more easy for our housewives"，引自CIA官网档案，详情参见**链接4**所指向的文件。

空间已经不大，下一次女性福利的增加，我看好人工子宫。

新产业的诞生无非两个立足点：一、千方百计帮人节省时间；二、千方百计帮人把节省下来的时间支配出去。

洗碗机、吸尘器、烘干机等小家电属于前者，这些"小可爱们"的普及不仅有效降低了离婚率，亦大大增加了我们的闲暇时间。"人口红利"搭载"时间红利"，把这两者相乘，就是一个水草丰美之地，一个浩浩荡荡的市场。

• 一人一票的话语权之争

在旧媒体时代，我们讲究对信息的传播，所谓"铁肩担道义"，所谓"我手写我心"，媒体对内容有相当的把控力度。在新媒体时代，我们讲究对时间的掠夺、传播速度、点击量、到达率。这种时候，"让群众满意"就尤为重要了，"在什么山上唱什么歌"，什么样的信息利于传播，这要看你想传播给什么人。

某知名洗衣粉品牌曾经在新媒体上发过两个系列广告。该品牌在电视广告上有过教科书级的品牌营销，在新媒体时代却有点水土不服。

广告1

新媳妇第一次上门，努力想有个好表现，然而由于风俗习惯不同，还是让婆媳之间小有隔阂。此刻儿子从洗衣机里掏衣服，得意地对父亲说："我洗得干净吧！"路过的婆媳不约而同地喊道："这也叫干净！"婆媳纷纷表达对"洗干净"的看法，发现观念一致，十分契合，婆媳感情升温，打出掷地有声的宣传语"婆婆也是妈！"一家人开心地笑了。

广告2

　　女儿在外地上班，妈妈总是催她相亲，把相亲男的照片打印了一摞又一摞寄给她。女儿在公司拆包裹的时候被同事们看到，非常尴尬。春节回家，刚坐下妈妈又安排了候选人，要求她春节期间必须去相亲。女儿生气地躲进房间，发现房间被打扫得干干净净，想起妈妈对她的爱，出房间去帮妈妈做大扫除，母女相拥释怀道："母女哪有隔夜的仇啊。"

　　先不说剧情逻辑如何，广告本身传递的价值观是可以的，打亲情牌。投放期是春节期间，这时候打开电视，你会发现各个频道弥漫着浓浓的家和万事兴的气氛。但是，它们投放的渠道是微博。微博不是一个熟人社交频道，言论可以离经叛道，那会儿的热点是"过年回家818我的奇葩亲戚"。

　　广告中"婆婆也是妈"这句话，是客套、是寒暄、是美好的祝愿，不是操作指南。这话是说可以把婆婆当妈尊敬关心，不是说能把婆婆当妈撒娇放肆。这话的利益指向是婆婆，是婆婆爱听的，不是媳妇爱听的。而微博用户大多还在媳妇的年纪，大多还在强调"人际边界"，所以这广告语她们不爱听。

　　第二个广告问题更大。每个网络平台都有自己的主流价值观。新浪微博的用户年纪较轻，更追求自我价值的实现，尤其是女性用户，催婚逼婚的话题一点就炸，这个和稀泥的剧情结尾无法引起共鸣。

　　果然两个广告发布后瞬间引起大面积的抗议，当时还不允许博主选择性显示评论，品牌方一下午都在手忙脚乱地忙着舆论公关，越描越黑。两个广告其实没什么大问题，就是渠道没有匹配内容。如果稍微改圆润一点，发布在地方电视台，诸如《娘道》等部分中老年受众更喜爱的电视剧前后，就不会太违和。当然，如果品牌方志不在中老年客户，那我只能说——那你创意的时候就得记着讨目标受众开心啊！

主流受众是谁，话语权就在谁的手里。不同的信息渠道分流了不同的受众，人越多，声音越大，声音越大，越有话语权，这是网络时代民主的一面。

早年我曾经是某知名八卦论坛的用户，论坛里有很多才华横溢的人写帖子。十多年前很多论坛的内容真是又多又好。后来论坛上渐渐出现了不太一样的声音，这些声音被嘲讽为"村网通"或"小学生"。比如有人问"怎么才能生男孩？吃辣椒有用吗？"下面就会有资深用户留言"又一个村网通"。再比如有人问"微波炉辐射对人体有害吗？"下面可能会有人回复"小学生"。

虽然我们不能确定每一个个体究竟是不是所谓的"村网通"和"小学生"，但这种现象的确存在。大量的三线城市/乡村用户、低龄用户登录网站，这首先说明我们的网络基建成果卓著，上网门槛大大降低了；其次说明早期互联网用户和之后的用户之间有认知差异。

我当时年纪小，觉得这样的回复很解气，现在想起来非常惭愧。早期有电脑的人不多，他们往往学历和家庭收入都不低，而新用户的平均知识水平和社会阶层的确都不如他们，但这有什么需要嘲讽的呢？网络不就是让人获得信息的地方吗？不就是缩短认知差距的地方吗？这种"上等人"心态才需要被嘲讽吧。

后来，所谓的"村网通"和"小学生"不断增加，他们渐渐成为主流，他们的立场成为网站最强的声音。"上等人"渐渐流失了，去了别的地方写帖子。这个网站的内容渐渐变成另一种风格，在有些人眼里这是"越来越水"，在有些人眼里这是"越来越接地气"。

有时候我会怀念那个精华荟萃的时代，但我也不遗憾这个接地气的时代。网络上，谁人多谁就有话语权，或许有些人的声音不如精英们的悦耳动听，但声音最重要的是能被发出来。

我读硕士的时候，一位对大陆很了解的台湾老师说："家庭年收入10万元人民币可以算中国的中产阶层。"我当时忍不住笑得很大声。我说："10万元只够活着，不可能是中产阶层。"后来想想，我欠老师一个道歉。

中产的英文为middle class，直译应该叫"中间阶层"，顾名思义，他们不属于上流，也不属于底层。

很多人心目中的中产概念，来自美国20世纪50年代的宣传：郊区的小独栋，小花园，一对夫妇，两辆车，衣食无忧，生活质量较高。2017年，美国家庭年收入的中位数是61 372美元[1]，除了几个大城市，这个收入的确可以勉强实现上述生活。

2017年，中国居民人均可支配收入的中位数是22 408元。[2]考虑到美国家庭绝大多数是夫妻或个人为核心的小家，中国户均人数为3，那我就粗暴地把中国人均乘以3，大概是67 000元人民币。[3]老师所说的10万元家庭收入，也就是夫妻人均月薪4000，的确很可以是中间阶层了。

2015年的人口普查数据显示，中国只有6%的人口拥有本科及以上学历。2017年，中国的人均月收入中位数不到2000元。2019年，国泰君安前首席经济学家李迅雷估算中国有10亿人没有坐过飞机，5亿人没有用过抽水马桶。

1　数据引自美国人口调查局官网，2018.09.12，*Income, Poverty and Health Insurance Coverage in the United States: 2017*。

2　数据引自中国国家统计局官网，2018.01.18，《2017年居民收入和消费支出情况》。

3　我知道这个算法很有问题，但鉴于中国不进行家庭联合报税，也没有更好的办法找到对应的数据对比。

这也是我们的中间阶层。

在这样一个时代下，接受完义务教育，有机会努力学习，直至大学毕业，有一份五险一金齐全、不必风吹雨淋的工作，已是一种特权。特权者若能意识到自己的幸运，在新媒体时代去倾听"中间阶层"的声音，去重视他们的诉求，也算是为创建和谐社会做贡献了。

• 通俗文化：多数人的专政

2016年美国大选，民主党希拉里对阵共和党特朗普，希拉里获得了6585万票，特朗普获得了6298万票，希拉里比特朗普多近300万票，但特朗普赢得了大选。

美国总统大选实行选举人制度。每个州有一个固定人数的选举人团，选举人数量和该州人口数相关，比如加利福尼亚州有55张选举票，阿拉斯加州只有3张选举票。绝大多数州目前实行"赢者通吃"的策略，也就是说，如果加利福尼亚州有超过一半的投票人投给民主党，民主党就会获得整个州的所有选举人票，也就是全部55张。最后把两个候选人的选举票数累加，谁多谁当总统。

为什么要这么做，而不是简单的票多者获胜呢？

——为了保护少数派的利益。

例如怀俄明州，人口不足60万，每个州最低的选举人票为3票，这样每20万人就有1张选举人票。而得克萨斯州，每75万人才分配到一张选举人票。人口少的州自动给了加权。其次，总统大选经常决胜于毫厘之差，3票也很重要，逼迫候选人不能忽略任何人的利益，避免多数人对少数人的专政。

但是纯粹的自由市场中并没有这些复杂的办法去保障少数人的利

益，比如偏远地区手机信号会变得很差，甚至邮路不通，罕见病会没有研究经费。

网络信息的世界，就是一个简单多数的世界。它允许任何一个人发布信息，在这样嘈杂的信息流里，不再有传统媒体中的专业人士对信息把关，就是比谁声音大，比谁人数多。谁人气足，谁就有优势。想要大多数人感兴趣，理解的门槛就不能高。

常有人问，为什么现在的媒体这么缺乏深度了？

这个问题的核心是消费水平和市场容量。传媒是一个边际成本很小的产业，它具有明显的规模效应。譬如拍个电影，卖出去1万张电影票和卖出去100万张电影票，成本没什么差别；做个游戏，10个人玩和10万人玩，成本的差别也不会太大。所以文创产业适合大市场，消费者多才能做起来。中国在这方面有相当大的先天优势。

假设10万人的社会，按二八法则，有8万人看普通报道，有2万人看深度报道。那么你做普通内容就有8万人支撑消费，做深度内容只有2万人支撑消费。如果这2万人撑不起一个媒体的运转，那这个利基市场[1]就无法诞生深度媒体。相似的产业还有电影、出版、新媒体等。

前面讲到的调查记者的减少、深度新闻的衰退并非中国独有，全球如此。深度报道往往制作成本高昂，大多数内容需要付费收看。深度内容就像前文中提到的柯达——并不是柯达做得不好，直到今天，柯达依然在做最好的胶卷，只是我们不需要它了。深度报道对它之前的大多数受众而言，也不过是打发时间的工具。随着新的内容工具不断被开发，我们有更多更刺激的替代品。与此同时，深度新闻刚需用户即人口基数，又缺乏经

1　即niche market，指被已占市场绝对优势的企业所忽略的某些细分市场，并且在此市场中尚未完善供应服务。

济的工具将他们筛选出来。

手机游戏占领了一部分3A游戏[1]受众的时间，网络小说占领了一部分文学读者的时间，大众娱乐的门槛不断下探。表面上是传统媒体被新媒体拍扁，骨子里是精英文化被大众文化拍扁。

2001年，奢侈品品牌Chanel邀请歌手李玟代言，引发了香港"名媛"圈子的不满。贵妇们嫌弃李玟形象不够高贵优雅，不够"上流社会"，甚至意图发起对Chanel的集体抵制。

十年后，奢侈品代言人中已经出现了草根明星。如今中国内地市场异军突起，占据全球三分之一的消费量。和其他市场比，中国消费者平均年龄28岁，比世界消费者平均年龄低10岁。要争取这群人，当然要用他们喜欢的代言人，其他人的意见就没有那么重要了。

资本世界，钱就是投票权，你花出去的每一分钱都决定着这个世界的模样；信息时代，注意力是投票权，你的每一次关注和点赞，每一次评论和转发，都在决定着你会看到什么内容。

这昭示着竞争可以跨越媒介和渠道，直面背后的每一个人。无穷无尽的人，沿着各种信息流，加入这个联网的世界，发出他们的声音，付出他们的注意力，重构他们的世界。

- **意见领袖非领袖**

之前看到一个访问教授分享他在国外参加一个"东亚文化宣传周"的活动，说现场冷冷清清，在干什么呢？活动邀请了国内大学德高望重的老教授做商周祭仪的考据，特别"高大上"。隔壁韩国人的场子人声鼎沸、

1　即AAA游戏。在电子游戏产业中指制作预算高、行销成本高的游戏，游戏制作成本可达数千万美元。

热热闹闹，在拌辣年糕。你得是汉学"大拿"才能享受中方文化，但你只要长着嘴，就能享受韩国美食。

2020年东京将再次举办奥运会，在里约热内卢奥运会上，日本人用8分钟展示了他们的国家形象：哆啦A梦、足球小将、Hello Kitty、超级马里奥、东京塔、新干线、天空树、浅草寺、歌舞伎座、富士山……日本传统文化只占了很小的比例，大多数是全世界都耳熟能详的动漫和任天堂IP，整个表演也充满了浓浓的现代感和科技感，以匹配一个现代的、未来的日本形象。

为什么日本不找艺伎跳一段祇园小呗呢？为什么不展示更多歌舞伎、相扑、俳句的元素呢？这些东西，1964年东京奥运会的时候也是用过的，用过一次就够了。如今这个时代，对外国人来说，精英世界的文化吸引力大不如前了，流行文化才是主力军。我还记得2018年世界杯，日本和塞内加尔平局后，场外的日本球迷和塞内加尔球迷手拉手，同时用各自母语唱起了一首动漫主题曲——非常强势的文化输出了。

中国有什么文化输出呢？

以YouTube为例，是美食？语言？大好河山？功夫片？

熊猫。包含卧龙熊猫基地的大熊猫、台北动物园铅笔头儿大的新生儿熊猫、多伦多动物园还在喝奶的熊猫，以及动画片功夫熊猫等任何熊猫。成都熊猫基地一个熊猫幼崽滑滑梯的视频，获得2000万的观看量，另一个卧龙大熊猫繁殖和研究中心拍摄的熊猫幼崽嗷嗷叫的视频，有同样的观看量。iPanda频道、台北市动物园等账号更是拥有海量粉丝，人们在底下喊着"cuuuuuuuuuuute！"，语无伦次地发感叹符和文字表情，不少人能认出不同的熊猫，甚至喂熊猫的管理员也有自己的粉丝。

很多熊猫视频会被做成动图，出现在国外各种论坛上，成为流行一时的表情包。其中经久不衰的是熊猫妈妈被熊猫宝宝打喷嚏吓到的动图，以及大熊猫嘎吱嘎吱啃胡萝卜的短视频。YouTube评论区经常有人发出"让整个地球都种满竹子、长满熊猫"的号召，并获得疯狂点赞。

如果不是亲自去过一趟华盛顿动物园，我也不会相信大熊猫在国外会有如此大的号召力，或者说这种毛茸茸的"萌物"会有如此大的号召力。在华盛顿动物园中，熊猫馆是最奢华的，商店里熊猫玩偶也是造型最多的。熊猫馆室内24小时几十个摄像头监控，室外巨大的山头，视野开阔、丰容丰富。别的地方人不多，唯有熊猫馆排着长长的队伍，里三层外三层、水泄不通。人们用不标准的中文喊着"美香""天天"。而美香和天天目中无人地仰卧在草地上啃竹子，随便抬个头，翻个身，都会引起人群阵阵惊呼。

还有古装剧和网播剧。不管什么样口碑的剧，只要是古装的，就一定会有几个人在评论区正儿八经地讨论剧情。很多剧没有外文翻译，观众又不懂中文，这要是在B站[1]，就要被称为"生肉"[2]了，不是"死忠粉"啃不动。国内大热的古装剧更是不乏观众，评论区不乏繁体中文、英文、俄文、阿拉伯文，泰国和越南的粉丝声势浩大，各有各追剧追星网站，往往会自制视频、制作各种图供本国粉丝圈欣赏，跟咱们追日剧、美剧一模一样。越南还有古（中国）风圈和汉服圈。

还有演奏民乐的漂亮小姑娘，演奏曲目一般是古装剧片头片尾曲、外国流行音乐。其中一个视频是B站一个小姑娘弹千本樱，1万多评论历久弥新。

还有一批以烧中国菜为主的美食账号，以及介绍中国生活方式为主打的田园风情账号。

1　B站，即bilibili，哔哩哔哩，一个知名的中国年轻人文化社区，早期为以内容创作与分享、弹幕为特色的视频网站。

2　生肉，这里指未经翻译加工的原片，英文为raw。

此外还要点名几个YouTube顶级大V。先说我没有收广告费，以下为客观评价，利益无关，排名不分先后。

账号：李子柒

她是一个年轻女生，她的视频以深山为背景，风格唯美，内容是制作美食和家具手工。YouTube上也很流行中国人6天盖一个8层楼的宾馆、3天搭1座桥这种视频。李子柒的视频，对有威胁感的"基建狂魔"形象是一个很好的冲击。她的作品美得没有攻击性，美得符合东方想象。她的粉丝主要来自西方工业发达国家，应该这辈子就没干过农活儿，在她身上注入了城市人对田园牧歌的浪漫想象。评论区常见："我生错了时代""中国是人类最后的净土""你才是真正的生活"。

账号：滇西小哥

虽然叫小哥，其实也是一个年轻女生，她的视频以中国西南乡村为背景，风格淳朴，内容是制作云南特色地方美食。她的粉丝很多是第三世界国家的群众，在她身上代入了成年人对童年和故乡的回忆。评论区常见："你让我想起小时候""我们墨西哥/印度尼西亚/印度/泰国也有这种吃法，我们这儿叫×××"。在她的评论区里我学到了科威特盐水蚱蜢、牙买加羊杂汤、黎巴嫩油封牛肉的做法。她在视频里经常和家中老人、小孩、宠物互动，尊老爱幼，其乐融融，中华民族传统家庭观强势植入，通常会把欧美空巢老人弄得眼泪汪汪。

这个账号的势头十分凶猛，流量雄厚。我猜可能是因为她做西南料理，食材和印度、越南、马来西亚、墨西哥等低纬度地区的食材比较接近。这些国家人口稠密，是YouTube的点赞票仓。就好比在美国选总统，只要加州群众喜欢你，你就自带55张选举人票。尤其是印度，可能因为人多加上印度国内地域歧视，留言明确到具体的省份——别的国家的粉丝都说"我爱你，我来自墨西哥/印度尼西亚/西班牙"，唯有印度粉丝说的是"我爱你，我来自帕拉拉邦/阿萨姆邦……"。

我写到这段的时候，滇西小哥刚好上传了一个做松花糕的视频，上线1小时内7万观看7千点赞，并以每10分钟1万观看量的速度持续增加。

账号：王刚

王刚是一个男性专业厨师，他的视频是中式猛火灶商用厨房背景，内容是中餐川菜教学。王刚的中餐非常"硬核"，刀法干净利落，切菜很有节奏美。有一句话叫"别人教你做饭，王刚教你开饭馆"。他的YouTube粉丝主要是港澳台同胞+新加坡人+东南亚华人+海外其他地区的华人，他的评论区就是海外华人统一战线。他的视频下的典型评论："我在×××开餐馆，非常感谢……""王老师我们这里葱蒜很贵，可不可以少放一点"（各地华人开始比大蒜价格，目测新西兰最贵，然后大家分享自己种葱和韭菜的经验，彻底"歪楼"）。也会有外国人用英文问他的"飞机引擎"哪儿买的，他也想弄一个——他说的是王刚中餐专用猛火灶，人家没见过，猛火的时候是挺像点火的飞机引擎。

从国家宣传的角度看，如何做到有效的文化输出？这是一个很有趣的话题。

自北京奥运会以后，中国的国家形象宣传一直比较"高大上"：古琴、京剧、书法、四书五经、四大发明……这的确会让人觉得"是挺牛的"，但也会让更多的人望而生畏。有些东西，在中国都不算流行，怎么能要求外国人感兴趣呢？

纸媒的年代，大众传播有个"两级传播论"，这个理论认为信息从大众媒介到受众，经过两个阶段：首先从大众传播到意见领袖，再从意见领袖传播到社会大众。这个理论现在依旧适用，我们曾经不得不遵从杂志编辑、电台记者的意见，网络让世界平面化了，但拍扁的两级依旧是两级，而不是一级。现在的人会去追随B站UP主、新浪大V、微信大V、抖音网红等新意见领袖的意见。只不过现在成为第一级的门槛大大降低，所有人都有机会去争做第一级，哪怕是一个只有几十个粉丝的博主，在特定时刻，他会成为第一级意见领袖。

新意见领袖和传统的很不一样。以音乐制作人为例，在工业革命以前，欧洲的音乐家一般为贵族服务，贵族给音乐家钱，音乐家对贵族负责。20世纪的通俗歌曲制作，唱片公司决定你能不能做歌，大众决定唱片公司能不能赚钱，那歌手就要对唱片公司和大众品味负双重责任。而现在，大多数自媒体都不需要付费就能收看收听，自媒体通过广告流量收费，这样既能让更广阔的大众接触到，也意味着他需要向更多人负责。

从古至今，文化"金主"的喜好决定了文化的模样，也决定了对文化的评价。

所以意见领袖，不是真正的领袖，而是"意见的代理人"，他们起到了一个"把人以群分"的作用，把不同品味的人聚集到不同的群，然后为不同的人分别制作他们喜欢的东西，说出他们想说的话。有点像我开头说的美国总统大选：大众是直接投票的人，每个州的选举人只是"民意的代表"。

至于大众传播的第二级，即"大众"，也经历了门槛的大大降低。有些人本来一辈子都不会去阅读书籍，但印刷术普及后，文盲率大大下降了，他们识字了，文字面向的受众就大大增加了。有些人本来一辈子都只是看看书、看看电视和听听广播度过，但现在他们拥有电脑了，就可以自己选择想要追随的意见领袖，去看更广阔的世界。有些人本来一辈子都不会听说"中国"这个概念,但他们有了智能手机,登录视频网站,在那些视频下面留言"我爱中国,我想去看看"。

每一次信息传播技术的革命,都会大大提升信息传播的效率和总量,大大提升信息传播的对象。人一旦多了,精英阶层就被"稀释"了,大众成为主流,大众文化天然深入群众。

这个时代,如果你想被更多人了解,就不能再关上门来自顾自做飘在云端的作品,期待精英的喜爱,期待精英作为意见领袖的一员,再二次传播他们的意见,要直接做"人民群众喜闻乐见的"东西。人民群众喜闻乐见什么呢?——接地气的作品。

插一句,我觉得文艺作品只应该分"优劣",没必要分"雅俗"。高雅从来不是被制作出来的,而是被定义出来的,"上等人"用特权规定了什么是"高雅"。

2.3 渠道终结产品,时间终结渠道

· 渠道终结产品

先用一个道听途说的案例来介绍什么叫渠道。

曾经某品牌的澳大利亚奶粉卖得很火。公司后来发现它的产品非常受中国市场欢迎,产品都被当地华人通过微商一箱一箱运到中国去了,虽然它没有在中国开展任何官方的分销业务。公司领导层开会一合计:"既然中国人这么喜欢我们的产品,我们为什么不进入中国市场、直接去中国卖呢?"这是任何一个正常人都会想到的:绕开渠道商,缩短分销链。

他们花了点力气,就这么做了。但市场反响非常不好,销量不但没有

提升，反而下降了，最后灰溜溜地退出了中国市场。这中间发生了什么呢？我们来看看商品是怎么被卖出去的——

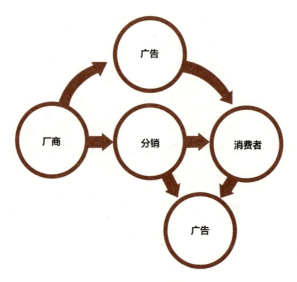

商品销售流程

首先，商品需要被消费者知道，也就需要传统意义上的"打广告"，这决定消费者想不想买。

有句俗话，"酒香不怕巷子深"，说这句话的年代，酒是在酒铺里喝或像林冲那样打包带走的，而不是摆在超市货架上卖的，更不是在电商平台上卖的。在打酒的年代，散装酒不仅更利于香味的发散，酒铺本身还是一个信息传递和交流的场所。鲁迅笔下的咸亨酒店，老舍笔下的茶馆，意大利人的咖啡馆，都有这个功能。酒馆是一个区域信息的交流中心，相当于小型本地论坛。

酒铺集中了一批有饮酒习惯的人。用现在的话说，这就是一个垂直领域，一个细分渠道，一个本地论坛的酒友版。以前的熟人社会，封闭性强，但信息到达率高。喝酒的人没有报纸、新闻、广播、电视，但能通过这个渠道了解谁家的酒好。在这样的渠道里，只要有一个人闻到别人家的酒香，就能高效率地口口相传，一传十，十传百，从而做到"酒香不怕巷子深"。

现在的酒包装得严严实实，香味传不出去；就算传出去了，也没有这种优质的线下渠道作为宣传渠道，那么就必须要有足够强力的广告，才能把产品信息传达到潜在客户。

在奶粉这个案例中，一个千里之外的澳大利亚品牌想要被中国顾客知道，也必须有自己的宣传渠道来送达自己的广告——但是它没有。这里的广告送达渠道是微商朋友圈，给它们摇旗呐喊打广告的是代购者。

其次，商品需要被消费者购买，就是传统意义的"分销"。这决定消费者能不能买到。

在电商出现之前，小超市和小卖部有过一段黄金岁月。那时候，分销商在超市经理后面排着队，求他把自家货品摆到显眼的位置，甚至一个商品要在某家小卖部销售还要给上货费。喵喵虾条不给钱，超市就只上汪汪虾条的货。因为对于只能在实体店购物的人而言，分销渠道是决定他能否完成购买的最后一关，否则抓耳挠腮、心痒跳脚也没有用。

在奶粉这个案例中，微商店主垄断了分销渠道，是他们收款、寄货，把一罐罐奶粉送到顾客家中。

由此可知，微商完全控制了消费者愿不愿意买、能不能买，至于澳大利亚的品牌方，就是一个单纯的供货商。厂商绕过微商直接进入中国市场，消费者可以直接在中国市场购买产品，就是向微商夺取广告渠道和分销渠道的战斗。这是微商的核心竞争力，它们绝不会拱手让人。

既然厂商不需要微商这个购物渠道，那么微商也可以不需要这个产品，他们迅速转变宣传内容，开始主推另一款奶粉，换了一个厂商。缺乏微商这个有影响力的推广渠道，想要在广袤市场上平地推一个品牌出来，必定很难。澳大利亚厂商苦苦坚持无果后，折戟回国。

这就是渠道的力量：我想让谁上，谁就能上。

有些微商更有意思。本来好好卖奶粉的，什么事儿都没发生，奶粉品牌也老老实实在澳大利亚待着，但卖着卖着就开始卖婴儿润肤膏、纤体草本茶、澳大利亚绵羊油了。这些产品看上去没什么关联。

奶粉厂家能理解输给同为奶粉的竞争对手，但很难理解输给一家做婴儿润肤膏的，这两个不是竞品。但对渠道来说，流量就那么大，能通过反复推送，达到用户的有效信息是有上限的，一个季度只能主打3~5款爆款，那么在信息带宽中选择收益最高的产品显得非常合情合理。只要共享同一个渠道，就在渠道层面形成了竞争，不管在产品层面大家有多八竿子打不着。

过去生产商在主导整个供应链，去要原材料，去组织人卖产品。现在行情已经不太一样了，很多时候可以是供应链中的分销、零售商在主导，分销、零售商在电商时代也可以合二为一，甚至生产、分销、零售三位一体，比如自己打版制作爆款卖衣服的网红。

网红属于早期个人自媒体，和国外相比，中国网红的变现渠道相对单一。我们经常看到一个人慢慢地红了，红着红着最后开淘宝店去了。这也是很多草创时期自媒体的思路，不管三七二十一，先要有流量，流量就是人气，人气就是渠道，这跟以前开店选址要找人多的地方是一个道理，先把人气聚起来，至于以后怎么变现，不着急，到时候该有的一定会有——这也是渠道先行的策略。

但也因为渠道先行，产品端先天不足。在这种模式下，卖卖衣服、零食、化妆品这种重创意设计、轻技术门槛的低涉入产品还行，卖手机、汽车、理财这种高门槛、高涉入的产品，就很容易在产品端出现问题。

有一个很特殊的产品介于两者之间，最后硬生生把一个行业分裂了——影视表演。

曾经影视业也是产品先行，由投资或制作团队选择主要演员、拍摄、发行。后来有人发现：电影拍得好，不如渠道好，某些演员本人可以比角色本身有更大的号召力。或者是因为角色再受人喜欢，最多拍个续集收割两三次也就到头了，但演员本人招人喜欢的话，他拍的所有戏都有人气，可以重复、多个领域收割，花力气造IP，不如下血本造明星。

于是明明做同一份工作的人，被分裂成两类：演员和明星。演员属于艺术界，和作家、歌唱家一起算是艺术家；明星是市场营销业，和广告销售一起属于宣传方。

如果码字的可以分裂成文学家和网文达人，唱歌的可以分裂为歌唱家和流行歌手，画画的可以分裂为画家和漫画"大触"（指领域高手），那么，演戏的分裂为演员和明星也不难理解。演员的职业规划是普通演员→表演艺术家→德艺双馨的表演艺术家→德高望重的表演艺术家；明星的职业规划是素人→艺人→红人→当红"炸子鸡"。

表演艺术家的敬业体现在好好揣摩角色，演得活灵活现让人叹为观止；明星的敬业体现在好好经营人设，好好照顾粉丝的心情，让粉丝愿意为他付出。流量明星凭空自吹演技好固然不可取，但围观群众一味要求明星有演技似乎也是缘木求鱼。有人说明星演戏，片方给的千万元片酬买的不是明星的演技，而是明星的流量。

大家车有车路，水有水路。

- **时间度量衡**

在产品主导的时代，电扇和电扇竞争。

在市场主导的时代，电扇和空调扇、空调竞争——它们在功能上有所重合。

在渠道主导的时代，你不知道电扇和什么竞争，可能是牛肉干，可能是西蓝花——只要它们在渠道上有所重合，就是竞品。

这一点在以娱乐为目的的虚拟产品上表现得尤为明显。有一个动词叫"肝"，后面几乎可以接一切宾语，"肝"游戏、"肝"小说、"肝"电视剧，也可以"肝"连续三场的电影展播，"肝"一门学问，"肝"一张证书。

"肝"即通俗文化对闲暇时间的争夺、对注意力的掌控。

假设劳动保障做到位，地球人一天有24小时，8小时睡觉，8小时上班，8小时吃喝玩乐。吃喝玩乐的8小时是兵家必争之地，睡觉的8小时也会被抢走一二，上班工作时间虽说不受影响，磨洋工的时光倒是都被抢光了。

放宽一点看，打游戏是玩乐，嗑瓜子也是玩乐，看电影是玩乐，逛街也是玩乐，看小说还是玩乐。闲暇时间，不是玩这个，就是玩那个——网吧、电影院、咖啡馆、火锅店、密室、杀人游戏屋、戏院、茶馆……统统是竞品，统统互相竞争。你手机上所有用来打发时间的App，都是竞品——这就是跨界竞争。

但这些跨界并非一脚跨过所有边界，扔进一个坛子里养蛊式竞争，竞争的边界还是存在的——消费层级，简言之，价格，更精准点说，叫"时间单价"。

各行各业都在讲"消费升级""消费降级"，指的就是消费层级的流动。单价决定了商品的层级，比如5000元一斤的A5级别日本雪花和牛，和菜市场60元一斤的本土牛肉，属于不同的消费层级，它们之间不会有竞争关系。

在一个消费层级中，实现相通功能的产品，才可以称为竞品。

当年8000元一部的苹果手机，卖到12 000元一部以后，那一季的中国区财报就非常难看。中国市场是有钱，但中国人也不是傻子，12 000元一部的手机一下子拉开了消费层级，得真不在乎钱的人才会去买。受此中国销售额的影响，加之整个金融市场的资金短缺，2019年初苹果的股价在2个月内跌了快4成，跌掉一个腾讯的市值。原来苹果是跟华为、三星等品牌的高端机在一个层面竞争的，现在它自己提价，相当于主动跳出这个消费层级，它们就不是竞品了。苹果把成熟市场拱手让人，然后自己去了一个没啥竞争也没啥人的高端市场。

牛肉论斤，手机论部，那用来"玩乐"的、打发时间的这些产品用什么作为单位呢？——时间，每小时、每分钟。

还是以食品这种最传统的消费品为例。

在经济最糟糕的时候，我父辈的年代，能买米就不买肉，能买红薯就不买大米。20世纪90年代家人去省外收购稻谷，当地人自己舍不得吃白米，卖给生意人，换了钱去买粗粮[1]果腹。这里有一个逻辑：粮食是为了果腹，买粮就得追求单位热量最大化。一千卡路里的红薯比一千卡路里的粳米便宜，那么买红薯。

在不愁吃的年代，人会有另一种逻辑：吃饭是为了享受食物，买粮就得追求口感最大化。东北米好吃且贵，又不是吃不起，那就买更好吃的。

---

[1]　粗粮的历史意义和现在的不太一样，以前粗粮比粳米便宜。

在这两种逻辑之间，还有一种逻辑：追求享用时间最大化，计算单位是"能吃多久"。很多人买零食、水果、下酒菜的时候会用到一个概念——"禁吃"。比如话梅，一小时内不可能吃很多，很"禁吃"；但瓜子，虽然不贵，甜甜咸咸的只要在手边我就会一直嗑、嗑到见底，这就不"禁吃"。按重量算，话梅比瓜子贵，但按覆盖时间算，话梅覆盖的时间更长。当我需要零食又经费有限的时候，二选一会选话梅。

这也是现在这些时间消费品的消费层级计算方式——单位时间计量。

比如手游、网文、短视频平台属于竞品。它们抢占的是曾经的街机厅、网吧、录像厅、漫画书租借店的生态位，消费门槛很低。不乏为手游花几十上百万元的人，但1小时5元以下，甚至不花钱也可以玩。

电影院、奶茶店、咖啡馆、桌游吧、甜品屋这种每小时20～200元的也是竞品。有个别老人家不能理解，甜品店一杯银耳汤几十元，杀猪啦！但年轻人就是愿意去。不是说年轻人更大方，而是年轻人对消费层级的计算方式与老年人不一样。他们认为几十元可以换来在漂亮的小店里歇脚坐坐、喝喝饮料的半个小时，按时间算，很划算。有人觉得玩游戏也可以获得同样的快乐，假设这个游戏他玩了两年，每天两小时，那他就可以为这款游戏充值3万元，这不能算乱花钱，应该算理性消费。

这也是电影行业这几年迅速发展的原因：在这么大众的价格区位，除了电影院，让人有参与感的、共同进行的娱乐活动，没有太多竞品。

瑞士滑雪和澳大利亚帆船也属于同一类竞品，但是有钱人的快乐我想象不到，就不进行讨论了。

有个流传广泛的鸡汤小故事。商人临死前对三个儿子说：谁能用10个铜板填满这个房间，谁就能继承我的家产。大儿子买了稻草，二儿子买了沙子，都只能铺满地面。小儿子点燃蜡烛，照亮整个房间，因而得到了家产。

人的闲暇时间也是这样一个房间，"欲壑难填"，我们不仅用钱去填埋物欲，还用钱去填埋时间，去填满人时时刻刻对刺激的渴望。

2.4　节省时间，是为了能更好地支配时间

所有能火起来的产品可以分为两类：让你节省时间的，以及让你支配时间的，其中还包含你以为在节省时间、实际上在消耗时间的，以及你以为在消耗时间、实际上在节省时间的。

有个产品经理说："一款好产品，就是要让用户用完就走。"

这个产品经理叫张小龙，他的产品是微信。他这句话仅从字面意思理解，这就像马云说"我不在乎钱"、苏菲·玛索说"年轻美貌是一种负担"一样，真话是真话，对一般人没有参考意义。

但有一类例外：人不得不做的事情，人无法享受其中的事情，也就是"玩儿"的对立面——功能性产品。它们铆着劲儿希望减少用户的使用时间。

比如近年来小家电市场火起来的一批产品：洗碗机、烘干机、扫地机器人、电高压锅……

大家都在抢时间的时候，它们开始做帮忙省时间的事情。

要知道，只有帮你把时间省下来，你才可以有更多的时间去支配。

· **闲暇时间的意义**

我们的目的是要建立社会主义制度，这种制度将给所有的人提供健康

而有益的工作，给所有的人提供充裕的物质生活和闲暇时间，给所有的人提供真正的、充分的自由。

——《马克思恩格斯全集》第16卷第1部

历史上人类喊过很多年"人的解放"，有各种各样的解放。真正的解放是什么？

第一次工业革命将大批农业劳动力，从土地的依附中解放出来。第一批产业工人的待遇非常差，生存状况十分恶劣。所以说工业革命解放的是劳动力，不是劳动者。

什么是劳动者的解放呢？起码要有"不上班"的自由，劳动成为主观上的需求，而不是生活所迫——这个听上去有点遥远。放近一点，我们退一步，劳动者虽然要上班，但上班时间有限，我们要有"下班"的自由，要有"更多下班时间"的自由。

我们鼓励拼搏奋斗。齐白石每天必须画画，一天不画就难受，说"不教一日闲过"。这是因为画画是他的艺术追求，是他的需求，而不是为了谋生不得不画。雷锋说，"把有限的生命投入到无限的为人民服务中去"，是因为"为人民服务"是他的人生追求，而不是服务一次收费五毛，指望拿这个钱去干点啥。从这个意义上说，他们都是自由的人。

但如果根据大多数人的情况，工作只是生存工具，或者说像我一样，工作的目标是不工作，那么下班才是人生真正的开始。这时候越是"努力工作""不教一日闲过"，就离自由越远。

消费主义鼓励人追求更高的消费，与之对应，人不得不为了支付更高的消费而争取更多收入，付出更长的劳动时间。你看到一个人衣着光鲜、消费上档次，但在并不热爱的工作中忙得毫无个人时间，不必太羡慕，这是一个被"压榨"、被"异化"的人。第二国际[1]把"减少劳动时间"摆在和"增加劳动收入"同等重要的地位，就是为了在时间上解放劳动者。

生命不但有长度，还有宽度。有更多空闲时间，就有更宽广的生命，有更多机会去探索、寻求更多的可能。如果我们把人生的起起落落看作一段连续函数，每分每秒的时间都是这个函数的微分，生命是这个函数的积分，是有长度也有宽度的面积，而不是扭曲的线条。

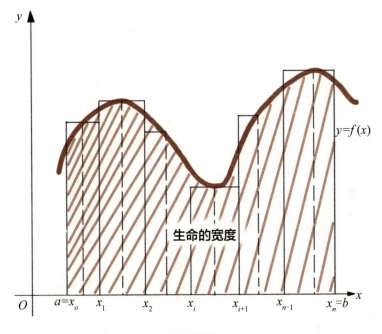

生命的宽度

所以人的解放，也是时间的解放。解放是为了获得生命的自由，也是时间的自由。

1　即社会主义国际，成立于1889年，是由世界各国工人政党组成的国际联合组织。"五一"国际劳动节和"三八"国际妇女节即第二国际宣告成立的。

想象一下这个场景：辛苦工作一整天，下班瘫倒在沙发上玩手机，时间一分钟一分钟地过去，已经凌晨两点了，几小时后还要早起打卡，但就是死熬着不愿睡——因为这一整天里，这个人都是以劳动工具的形式存在的，只有玩手机的时候，才是真正以人的形式存在的，才是自主自愿的自我，没有人不享受这个时刻，此刻，人摆脱了工作对人的"异化"，回归到"人"本身。

如果家里"有矿"，你可以玩一整年手机，但绝大多数心理健康的人很快就厌烦了，会找点更有成就感的事情去做，旅行、看电影、读小说。但这样最多一两年，也会厌烦，你会想着学点更深的东西，比如一门课程、一门语言、一门技术——肯定有人会说"给我一个矿，我能好吃懒做一辈子"，相信我，你不会的，我有这个经验（不是我家里有矿的意思），好吃懒做太无聊了。等你学了这些东西，达到半专业的程度，你会开始想要创造而不仅仅是学习。旅游达人会写游记、分享照片，文学爱好者憋不住想写文章，烘焙党一定开始改配方。创造欲从躯体中喷薄而出，你不仅收获喜悦，还有力量把这份喜悦分享给旁人——这就是人的解放。

这群人去最适合他们的岗位，去做旅游记者，去当作家、编辑，去做甜品师，爆发最大的生产力，这就是劳动者和劳动力的解放合二为一。他工作会不开心吗？不会，因为家里"有矿"啊，他一不开心就不干了，所以肯定是开心的。到这个程度，就没有996[1]的困扰了。

- **简单粗暴Costco**

中国大陆第一家Costco于2019年中在上海闵行开业，这家在美国拥有533家门店的零售巨头，终于涉足了中国市场。这家公司具有浓郁的美

1　996工作制，指工作日早上9点上班，晚上9点下班，并且一周工作6天的工作制度，盛行于互联网公司。996工作制下超额工作时间一般没有法定加班费加持，故引发工作者（大部分是程序员）的不满。

国风格，销售风格是量大管饱、简单粗暴。以下讨论的零售商均指其美国公司。

美国三家大型零售商的股价走势图

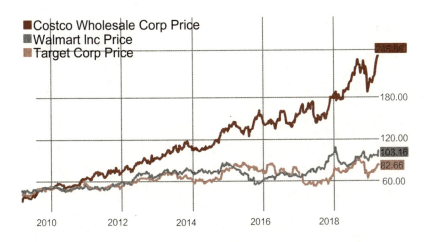

2010年至2019年4月19日美国三家大型零售商的股价走势图，由上到下分别为
Costco、Walmart、Target[1]

对零售业而言，信息和商品的流通渠道很重要。每一种流通方式的变革，都会平地爆发出零售业的新巨头。

20世纪初，美国铁路网络铺设完毕，将偏远地区的农牧民纳入了现代商业体系。随着铁路物流的发展，西尔斯（Sears），一家以农村包围城市为主要策略的零售商借风起飞。2018年西尔斯破产时我有点儿伤感，因为这可能是人类史上第一家大规模电商：在100年前通过铁路邮寄广告单，电报电话下单，铁路发货。当年那个23岁就大发横财的西尔斯本人，何等

1　数据来自财务数据搜索平台YCharts。

少年得志，何等意气风发啊。

婴儿潮时期，美国公路交通网络基本建立，大部分美国家庭至少拥有一辆汽车。促成了一批建立在郊区的大型超市，连锁超市克罗格（Kroger）由此大规模扩张。

20世纪80年代末，沃尔玛铺设了当时全球最大的私人卫星网络，建立起独步天下的物流系统，八成商品自主配送，一举成为美国最大的零售商。这是一次信息流通对物流的跨界改造。

10年前，信息产业逐渐成熟，Amazon出现了，后来的事情大家都知道了。

综上，在这股更高科技、更快速度、更强营销的大潮里，谁先学会利用新科技对信息和商品的流通效率的改造，谁就能占得先机——但是，Costco是一股逆潮流而动的清流，一簇颜色不一样的烟火。

Costco是大型仓储式连锁会员超市。每年先要花60美元（约400元人民币）购买他家的会员卡才有购物资格。它有以下核心特色。

1. 单件商品包装巨大。牙膏半斤1支，5支起卖，搞批发。一天买齐，全家不愁。

2. 商品种类不多，但能覆盖衣食住行。比如牙膏、牙线、牙刷、漱口水、冲牙器都有，但每一类商品只有一两个品牌的两三款产品。不会出现光是牙膏就浩浩荡荡摆满一堵墙的状况，特别适合选择困难症患者，秒速购物，特别轻松。

3. 促销直白，童叟无欺。美国人算术不好，Costco从不搞花里胡哨的"满100减30""优惠券叠加""满100打8折""第二件半价""买3件75折""买3赠1""买酸奶送杯子""品牌满减""品类满减""节日特惠区"等。参加过"双11"大促的朋友或许对各网站五花八门"烧脑"的促销方式心有余悸。这里的商品直接减价，写一个折后价，偶尔搞买一赠一，几乎没有别的了，特别实在。难得例外，去年春天搞了一次清洁用品满200美元（约1400元人民币）减10美元的活动，我想着200美元的厕所清洁用品能用大半辈子，就没参加。你看它甚至不给你犹豫"要不要参加活动"的机会，特别省心。

4. 价廉物美的自有品牌。生活中的耗用品不算是高利润产品，但这家自有品牌价格低于市场价两三成，质量还可以，比如烤鸡、牛奶、黄油、坚果、葡萄酒、狗粮、纸巾、洗碗粉都很受欢迎。

5. 从来不打广告。不主动索取注意力。

以上5点让它可以做到最核心的一点：便宜。

薄利多销带来足够的议价能力，会员费和销售效率允许它降低单位商品的利润率。为了保证企业的核心竞争力，它甚至限制利润率保持在10%左右，规定自己不许多赚。

很多人认为中国几大知名电商在中国市场的胜出，是因为中国人对价格非常敏感。这是废话。世界上哪个国家的人对价格不敏感？可能美国人最敏感。中国超市打折顶多是老头儿老太太排队买鸡蛋，美国"黑五"打折那可都是青壮年上阵贴身肉搏。Costco就是通过价格战打出来的江山，没有美国中产阶层锱铢必较的价格敏感，就没有Costco如今的辉煌。

但因为价格敏感而耗费时间就很讨厌了，毕竟商品经济下消费者投入购物的时间也能折算成钱。举个例子，很多电商网站，有满减，有促销，有优惠券，优惠券分通用券（全场可用）、类别券（某一类商品可用）、跨店券（几个店的商品同时可用）、门店券（仅限本店使用）；有买多少送多少，有团购，有砍价，有分享好友减价，有限时秒杀——这些有可以叠加的，还有不可以叠加的。

这种通过纷繁复杂的折扣券系统，来对消费者进行心理价位试探的行为，其实美国人玩得也很溜——毕竟是老牌商业社会，人家从二十世纪五六十年代起就都玩过了。我经常收到某食品商的折扣券，不给折扣的时候我就觉得不能去买，那多冤大头。但Costco的会员费是沉没成本，一次性交出去后，没有回溯的余地，必须买多才能摊平会员费成本，因此就不会在乎折扣不折扣的。

"双11"期间，我在国内某网站上买某品牌的坚果，各种折扣券、各种包装，本着一个金牛座的情操，我用Excel列式计算许久，终于总结出最佳购买方案。我发现各种组合方案之间的单位重量价格差别非常小，即便是最佳方案也便宜不了太多。而令人气愤的是，在"双11"过后，我发现该商品的日常售价，并没有高于我精密计算后的结果。更郁闷的是，我发现我母亲的账号下，该商品的价格比我看到的价格要低不少。

这就是时间和精力的浪费。我希望有人老老实实在那边用传统超市最传统的纸板牌写下"今日减价×元，现价××元"，而不是这么多花招。当然，从经济学角度看，这是非常合理的操作手法，但从心理学角度，我拒绝。

价格歧视

这是一个中性词，这个词本身没有褒贬意。

假设现在有一杯可乐，每个人愿意为购买这杯可乐付出的价格是不一样的。有人大热天又渴又热，愿意花10元买下；有人刚喝完一杯，购买意愿不强烈，只愿意花1元再来一杯；有人正在超市采购听装可乐，只愿意花普通的价格。对商家而言，以消费者能接受的最高价格卖出，能获得最大收益。所以景区和电影院的高价可乐和第二杯半价可乐，就属于价格歧视。

这世上有穷人，有富人。假设富人愿意以100元买牛肉干，穷人只愿意出80元买。这就没有上面可乐的消费场景差别那么好区分了，所以就会有"双11"那种极其复杂的折扣券系统：穷人愿意付出时间去凑单计算，富人不愿意。

电视剧《铁齿铜牙纪晓岚》里有个剧情，说灾年饥荒，官府施粥给饥民，为了防止富人也来讨免费的粥喝，和珅往粥里撒了一把沙子，背后的逻辑是：富人不喝掺沙子的粥，穷人喝，一把沙子隔了这两类人。这和上面的折扣券系统是同一个逻辑，通过恶心穷人，把贫富人群分开，再分别定价。

其实也可以通过讨好富人来做区隔。比如精装书会比平装书贵很多，贵的不是包装成本，而是"你有钱，你愿意多付就多付点儿吧"。西方经济学认为商品的价格取决于消费者的支付意愿。

但电子商务时代开始后，商家拥有了传统零售业不敢想象的信息优势，之前它们不可能在超市询问顾客心理价位的上限，然后针对不同的心理价位，设定不同的价格；但现在可以了，它们可以通过一个人的购物历史、单价、频率、内容网站的浏览习惯建模以评估用户的消费意愿，然后给不同消费意愿的顾客显示不同的单价。这就是所谓的电商"杀熟"，其实"杀"的不一定是熟，也不一定是富，而是"杀"更愿意花钱的人。

但这种价格只是手法上比较隐蔽，消费者还是有机会发现自己被套路的，这就会对零售商或品牌产生不信任感，总是担心自己是不是被坑了。这让购物这个行为更复杂了，被动消耗了更多时间和精力。相对而言，

Costco这种进门前先斩一刀（会员费），进门后绝无价格歧视，你童叟无欺做买卖、我放心大胆放购物车的方式，在当下快节奏的大环境中，更得消费者青睐。

通过以上讨论，我们可以观察到，Costco这是一家做减法的零售商，不仅减少了价格，更减少时间和精力的消耗，减少了注意力的消耗。

什么是购物注意力的消耗？比较和选择。不仅有如上所说的价格的比较，还有品牌的比较，产品的比较。平心而论，我们需要一堵墙的牙膏品类吗？美白的、竹盐的、中草药的、清凉的、柠檬味儿的、肉桂味儿的、薄荷味儿的……不，大多数消费者只想要"能把牙齿刷干净的好用不贵的牙膏"。

早期零售商会想尽办法延长消费者在商场中停留的时间，以增加购买机会；但如今，优秀的零售商要帮助消费者做出选择，好让他速战速决，节省时间。

时间红利的时代，闲暇时间是最珍贵的资源。如何帮助人们更愉快地支配时间，以及如何帮助人们节省时间、好让人们有更多的时间去浪费，也许是值得这个时代的开创者们去关注的命题。

第 3 章

速度的竞争——信息即权力，真相即现场

3.1 话语权的嬗变：文本

- ### 神的代言人

纸媒的年代，记者被称为"无冕之王"。无他，只因记者是信息的制造者。齐国的史官为了秉笔直书"崔杼弑君"之事，不惜被接连杀头；1972年水门事件，记者可以扳倒总统；"清风不识字"，写诗可以搞出人命。

大史书曰："崔杼弑其君。"崔子杀之。其弟嗣书，而死者二人。其弟又书，乃舍之。南史氏闻大史尽死，执简以往。闻既书矣，乃还。

（太史记载：崔杼杀了他的国君。崔杼杀死了太史。太史的两个弟弟

接替兄长当史官，依然这样写，也被杀了。太史又有一个弟弟前赴后继，又这样写，崔杼终于放弃杀他。南史氏听说太史们都死了，拿了写着"崔杼杀了他的国君"的竹简前往齐国，听到已经如实记载了，这才回去。)

——《春秋左氏传·襄公二十五年》，翻译参照杨伯峻注

在西方世界里，我认为文本传播做得最厉害的事情，莫过于再现了一个神，即新教的诞生。

文艺复兴晚期，一个来自那不勒斯的天主教修士有个危险的想法：既然当时的教会认为上帝是"全知全能""无穷无限"的，那么由此可推论出，上帝一定存在于万事万物之中，唾手可得。

这个人后来被宗教法庭指控为"异端"。在法庭上，他始终坚持自己的观点，宁死不改口。1600年，文艺复兴的最后一年，这个人被绑在罗马鲜花广场的柱子上炮烙而死——这就是发明了"日心说"的天文学家乔尔丹诺·布鲁诺。

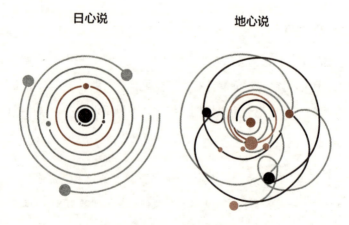

日心说和地心说模型对比

历史上，布鲁诺不是简单因为"日心说"被杀死的，而是因为"异端"被判罪。他为什么让教会如此深恶痛绝呢？

一句话：利益相关。

在漫长的中世纪，人们用"神"来解释这个世界，认为神是遥不可及的，是绝对不可知的，强调人不能和神理性沟通，只能单方面去相信神，去遵循神的旨意。如果神与人之间有着不可逾越的鸿沟，那么信徒想要了解一切神的意志，只能通过教会。这就让中世纪教会——作为神在世间的解释者和代言人——在世俗世界拥有了强大的权力。

到了文艺复兴时期，情况有了改变。"文艺复兴"的英文为renaissance，词源来自古法语renaissance，本意是植物的"新生"，后来指古典文化的复兴，也是人本主义的复兴。人们更愿意接受耶稣诞生前古希腊或古罗马时代的理念，用"人"和"人性"来观察和解释世界，也包括用人的逻辑去理解神。布鲁诺就是其中的一员。按照他的理解，神无处不在，唾手可得，因此人完全可以绕过教会接近神——若是这套理论被世人接受，那么教会的赎罪券还怎么卖出去呢？

欧洲古代史就是宗教和世俗势力缠斗的历史，是皇帝和教皇的角力史，很多时期宗教方的势力还更大一些。德皇海因里希四世曾翻越阿尔卑斯山的皑皑白雪，在卡诺莎城堡门外布衣跣足，向教宗格里高利七世请罪。这和中国古代隔段日子就要来个灭佛运动很不一样。

中世纪教会的权力基础是什么？是宗教。

维系宗教权力的手段是什么？是宗教的解释权。

解释权在哪里？封锁在文本信息里。

中世纪大多数人不识字，我们所知道的风流倜傥的圆桌骑士，很多是不识字的大老粗，甚至不乏文盲贵族和文盲国王。

而圣经是拉丁文的文本。普通人不懂拉丁文，而且书本无论是手抄还是雕版印刷，价格都很昂贵，难得一见。"文盲多"和"书贵"之间也有因果关系：因为书本昂贵，所以学习语言的成本巨大，语言学校越难进入，信息封锁就越严密。在那个年代，说图书馆是"宝库"，不仅仅是隐喻，更是本义。当时能读懂并解释圣经的人，大多是神学院毕业的神职人员。神职人员垄断文字和信息，这在古代印度、古埃及等其他古文明国家中也多有发生。

这些储存在文字上的信息，可以是知识，是智慧，是文明的记录；也可以是故事，是信仰，是控制人心的强大力量，是人类发展至今的一切非物质成果。迄今为止，文字是人类信息最重要的载体，文本传播即力量的传播。谁掌控了文字，谁就掌控了权力。

在欧洲，这种信息垄断首先被德国人打破——德国人首先普及了活字印刷技术：古腾堡活字印刷术。

1517年10月底，马丁·路德在维滕贝格教堂大门上贴出一张拉丁文大字报：《论我反对赎罪券的95个理由》[1]。这份大字报的拉丁文原版和德文译本被迅速印刷、重印，在两个月内迅速传遍欧洲，打响了宗教改革的第一炮。

路德认为大众并不需要教会人士代为祷告，才能让上帝赦免人的原罪。他要打通普通大众和上帝之间的沟通道路。这当然引起了当时天主教教会的反对。教皇革除了路德的教籍，路德撕毁了教皇的赦令。出于个人理念，他打破拉丁语桎梏，把《圣经》翻译成德语，被印制成《路德圣

---

[1] 该文本的正式名称为《关于赎罪券的意义及效果的见解》，又称《九十五条论纲》，原文为拉丁语*Disputatio pro declaratione virtutis indulgentiarum*。

经》，借着古腾堡印刷术的发明及广泛传播。1534年至1574年之间，《路德圣经》印刷了10万本，被当时和后世的数百万人阅读。[1]

千千万万快速印刷的出版物壮大了路德教的声势，然后才有了新教，有了今天的世界。

谁掌握了信息的传播，谁就掌握了话语权；谁拥有话语权，谁就拥有了权力。

古腾堡印刷术拆除了人和神之间的藩篱，改变了神职人员这一"神的代言人"的职业，自那以后，新教神职人员如路德所愿，成为"宗教事务组织者"这一职业，不再享有对世俗的管辖权。

· 人的代言人

在信息不畅的年代，发声的能力尤为重要。文本传播既然可以倾覆一个代言人，便可以再塑造一个代言人。这要从克里米亚战争说起。

1853年爆发的克里米亚战争被认为是人类史上第一次现代化战争。想想我们在第1章讨论的"战争鲸落"，这场战争可是为后世留下了不少东西，英国人因此发明了战地医院，俄国人因此大大发展了麻醉剂、截肢手术、石膏模具——听上去就让人瑟瑟发抖。

这场战争中第一次出现了战地记者。在一次英军指挥失误造成的轻骑兵重创后，《泰晤士报》的文字记者威廉·拉塞尔和摄影记者罗杰·芬顿的照片迅速将战场消息传回国内，随着报纸的印刷，这份瑟瑟发抖也传给了英国民众，最终促使当时英国内阁倒台。人类历史上媒体扳倒总统和首相的事情发生过很多次，这是第一次。117年后，《华盛顿邮报》报道的"水门事件"将尼克松拉下马，再造纸媒威力。

1　信息引自书籍*History of the Christian Church*，1910，Philip Schaff。

芬顿（史上第一个战地摄影记者）的助手坐在摄影车上

1884年，新的印刷技术诞生了——莱诺排字机（Linotype machine），彻底革新了排版技术。

这个发明与其叫排字机，不如叫铸模机。它用于铸造印刷需要的模子。凹进去的模具称为阴模，想象一下我们做巧克力的模具，那就是阴模；凸出来的模具称为阳模，毕昇活字印刷的字模就是阳模。

假设我现在要印刷一行句子，用机器找出需要的字母的阴模并排列好，注入铅锡合金，现铸一整行的阳模模具。我要印下一行了，可以把刚刚的阴模拆出来，接着用于制作下一行的阳模。这样我只需要准备几十个阴模就可以用键盘打字排版了！莱诺排字机每分钟可以排10~30个单词（即每分钟可以铸造上百个字母的字模），大大提升了排版效率。从此开始，日报才可以提供8个以上的版面，提供更大的信息量，也拥有了更多的权力。

在这种排版方式下，打字工一旦打错一个字，就要整行重排。所以为了让排版效率更高，一行字往往很短，形成了报纸排版的"栏"，于是我们有了"栏目""专栏作家"。

报纸排版，段落布局十分狭长

这里不得不提到一个让人无可奈何的细节：英文只有26个字母，而中文有几千个汉字，中文打字机的设计难度和字母文字无法同一而论。无数英雄好汉折戟在中文打字机的设计上。林语堂多年醉心于此。他凭借英文散文集《吾国与吾民》在美国赚得盆满钵满，却为了打字机个人发明填进去12万美元，最后不了了之。

莱诺排字机迎来了报业繁荣的时代，在这个时代，"神的代言人"消失了，取而代之的，是记者、编辑、撰稿人等媒体从业者，或称为"公共知识分子"，或称为"权威"，他们成为公共意见的代言人。他们往往接受过良好的教育，拥有丰富的学识，他们提供知识或谬论、报道真相或假象、出具意见或建议，引领大众的观念或误导之。他们通过文字发表获得了权力。从此，大众传媒热闹登场，文字走下神坛，不再是神的代言人，而是各色人等的代言人。

部分美国总统对媒体的评价

Nothing can now be believed which is seen in a newspaper. ——Thomas Jefferson

报纸上的话一个字也不能信。——托马斯·杰斐逊

Public sentiment is everything. ——Abraham Lincoln
舆情就是一切。——亚伯拉罕·林肯

It（news paper）is an invaluable arm of the presidency. ——John Kennedy
对总统而言，报刊是无价之宝。——约翰·肯尼迪

The press is the enemy. ——Richard Nixon
报界是敌人。——理查德·尼克松

· **我的代言人**

每隔十年，互联网都会流传"'80后'不行了""'90后'没救了""'00后'不堪用"的传说。如今"80后"已然成为中流砥柱，"90后"已经能叫资深人士，"00后"也渐渐走上工作岗位，还真没见哪个十

年社会经济就被这批"不行了、没救了"的人拖垮了。

说"80后"不行的时候，还没有网络，多是报社文章在吱呀吱呀叫，那时候报社里拍板的编辑多是"60后""70后"，没事骂骂晚辈娇惯；说"90后"不行的时候，"90后"还没有自己的电脑和智能手机，"80后"网瘾青年占据了网络话语权；说"00后"的时候，"80后""90后"正值壮年，占据网媒和纸媒话语权高位。

再如婆媳矛盾是千古难题，网络主流是指责恶婆婆，而非恶媳妇。因为上网多是媳妇辈的人，占据网络话语权。谁掌握了话语权，谁就掌握了道德高地、立场高地、优越感高地。不信你去广场舞聚集区和菜市场溜达溜达，这些地方的主流就是说媳妇了。

是公知和权威们更正确、更讨人喜欢才获得话语权的吗？

并不是，只是他们掌握了霸权。

纸媒的时代，在公共信息空间中发文字的门槛较高：不管你的观点如何，你要会写文章，文章要让编辑看得上，文字要起承转合、文笔流畅，用词要典雅、逻辑要清晰，"的得地"要分得清，总之，你的文字要看上去像模像样。

当互联网开通后，每个人都有了更加平等的发声机会。有电脑、有手机就能说话。从某种意义上说，开博客就是自己办一份私人报纸，注册知乎就可以开个人专栏，上微博就是24小时的无线电发射台，注册音乐账号就是一个私人电台，去bilibili你就是一个小电视台的台长。

芸芸大众不再只能听人说，然后七嘴八舌评论谁说得有理；而是开始自己说，大声发出自己的声音。几乎每个老牌互联网平台都被人说："××越来越不好玩了。干货越来越多少了。"说话人的门槛降低了，自然会稀释一些内容，但我们也能因此听到更多的声音。

美国作家芭芭拉·艾伦瑞克写过一本书——《我在底层的生活》。她作为衣食无忧的生物学博士、专栏作家，花3个月时间乔装底层劳动力，以自身经历为题材，写下此书为底层民众发声。但这本书在美国遭遇的批评相当多。很多真正的底层劳动者认为：你有房租、有医保、有车、受过良好的教育，你的资源比我们好太多了，你怎么能理解真正的底层生活？我们的生活岂是你能理解的呢？

的确如此。哪怕亲身体验别人的生活，那终究是"到此一游"的游客心态，很难写也生于斯长于斯的本土心境，这种隔膜很难消除。

人不再请求神的代言者，也不再祈求精英的代言，而是尽力发出自己的声音。这是网络初开的侏罗纪。几经波折，几个声音特别亮、肺活量特别大的人暂时留下了他们的余音——网红。如果说过去的新闻是平地炸雷，那么现在的新闻就嘈杂如人声鼎沸的菜市场。

YouTube上曾经创纪录的一个视频，是一个名为BuzzFeedVideo的账号发布的：视频中两个人用牛皮筋捆西瓜。在长达45分钟的时间里，两个人分别往一个西瓜上一根一根套牛皮筋，看西瓜什么时候爆炸。当时有80万YouTube用户同时在线观看。该活动之后在各种视频中被模仿，其中最热的一个视频被观看了2900万次。

这是一种什么精神？

看了视频既学不到什么技术，也欣赏不到精彩的剧情，陶冶不到身心，单纯就为了"好玩儿"。你永远不知道下一个"好玩儿"的视频是什么类型的，甚至不知道自己会点开什么片子，比如我上一个点开的视频是有人直播往一整个西瓜里浇灌锡水——这是我小时候一直渴望做的事情！这是我觉得"好玩儿"的事。

在视频高门槛的年代，电视节目需要策划、制作、层层审核才能播出，很难想象会有专业人士为我做这样幼稚的节目。但是现在，千千万万个视频制作者，在去中心化、多元的意见群落中，总能找到一个为我代言的人。我为这个视频点了赞，并关注了制作者，期待能看到他将来的新作品，万一他熔化玻璃做拔丝地瓜呢？这个视频后来真的有了。

每一个点赞，都是一次发声，都是一次代言。每一个赞都在无声地宣告着："我喜欢这玩意儿！你也来看一看吧！" 从此亚文化找到了自己的栖息地，非主流拥有了自己的聚居区，边缘人抱团取暖，小众者找到回乡的路。

对精英们而言，这种竞争来得莫名其妙。精英的竞争原本来自内部，他们应该担心自己不够精英，被别的精英盖过。但如今的电视台，不是被做得更好的电视节目挤下市场，而是被大量可能从未有过媒体经验的、制作方法不按教科书规范、红得莫名其妙但就是有人喜欢的手机短视频夺走了市场份额。

记者、编辑、作家、教授……精英们依旧存在，芸芸众生中依旧有他们的粉丝，但他们不再是唯一的话语权掌控者了，他们也可以被反对，被嘲讽，被无视。当初从何处获得力量，终究归还到力量拥有者本身。

代言人的嬗变，是信息传播方式的进化，是话语权的转移，也是权力的下放。

3.2　现场感的重构：影像

• 场景的构筑

前几天我看到一份老报纸——《中国电视报》的照片。刹那间，巨量信息扑面而来，一个浪涌阻塞了我的大脑：生机勃勃的声音"中国电视报，生活真需要！"、小时候的我用水彩笔在电视报上圈出动画片播出的时间、漫长如无止境的暑假、冰西瓜的气息、电风扇的白噪声、巨大烫手的显像管电视机、光明大冰砖、大风车吱呀吱哟哟地转、鞠萍姐姐/金龟子/毛毛虫……

不到一秒钟，所有的信息都传递到脑海。

这种信息密集度我在梦醒时也遇到过：梦醒的一刹那。丰富多变的场景、紧张离奇的场面、错综复杂的剧情，在梦中浑然不自知，起床刷牙后忘得一干二净，只有在睡醒的一刹那，那一秒钟，突然填满大脑。

回忆和梦境中我所记忆的都是场景，那是一个多维信息的逼真时空。这个时空场景让人感同身受、触动满满，却很难记忆。如果你真的需要记录梦境，可以这样尝试：第一步，把思维停留在梦中，不要思考任何现实的问题，包括早餐吃什么这种常规发问；第二步，赶紧记住画面，在脑海中放一遍电影。如果想记得更牢固，赶紧组织语言，把梦境中的一切对自己口述一遍。语言是一维的线性信息，把多维场景一维化，是就信息简化、整理、收纳的过程。场景的信息完整、丰富却难以记忆，文字的信息便于记忆却在信息传播中大量丢包。

一部文学作品好比一件手织毛衣，鸿篇巨制无论其花纹多么繁杂、质感如何厚实，都是为了追求信息的不丢包，本质上还是用一维的文字细细密密线性前进，抽丝剥茧最后只有一根线。文学作品给我们带来的震撼来源于我们对于文本的想象，来源于想象后的脑补的场景。如果不加想象的力量，只有逻辑和数据，传递的信息量就很有限了。

那么，什么叫信息的"真实"？文本和想象，哪一个更接近真实？

有些人会觉得虚构的文学作品（此处暂时不讨论纪实文学）是不真实的，或者说文学"不如"史料真实，只是"编出来的故事"。我曾经也这么想，一度更热衷于阅读社会学、历史学作品而非文学。

举个例子：教科书上写过美国内战，如果不是历史系的，一般人到大学毕业的年纪能记住的就是北方工业与南方种植园、棉花禁运、林肯、黑奴解放运动这种大的概念。如果去翻更专业一点的历史书，会知道一些知名战役，知道工业品和农产品的流转方向，知道黑奴日常的生存状态，知道枪械配件标准化对后世的影响。

知道很多散点，慢慢拼凑一个历史时代。但这些印象依旧是大略的、抽象的、支离破碎的，缺乏一个纽带把它们联结起来。我直到看了小说《飘》，恢宏的场景才建立起来：虽然小说主线是霸道船长对女主的无底线追求，但也写了种植园经济末法时代的诸神黄昏。通过女主斯嘉丽的生存战斗，刻画了庄园奴隶主向工商业资本家的被动转变；通过阿什利的PTSD[1]，一窥整个南方从生产方式到生活方式的烟消云散，奴隶主从精神到肉体的消逝；通过战后亚特兰大的欣欣向荣，细绘了工商业资本社会的平地崛起。中间夹杂农奴、自由黑人、奴隶主白人、穷白佬、三K党各种势力的角力。尤其是梅兰妮和阿什利这一对人物的设定，简直是传统庄园主的挽歌：你们的时代结束了。

当然《飘》作为庄园主视角，对自身阶层有相当大的美化。你可以说它是不完整的，但不能说它不"真实"。想要更完整的视角，可以对照《朱比利》[2]《为奴十二年》等黑人立场的小说。好比盲人摸象，如果我们把大象从头到尾都摸一遍，即便没有见过大象，也能想象出大象的大概轮

1　即创伤后应激障碍，post-traumatic stress disorder，指人在经历过情感、战争、交通事故等创伤事件后产生的精神疾病。1952年开始才有现代PTSD研究的萌芽，《飘》作者的生活年代还没有相关认识，作者也并未提及。但我认为阿什利在参加南北战争归来后的性情变化，极其类似PTSD症状，这样解读非常有助于理解小说情节和人物关系。

2　即小说*Jubilee*，作者为Margaret Walker。这本小说被认为是在回应以"南北战争战前生活"主题和"重建南方"为主题的白人怀旧小说。

廓。文学的意义当然远远不只是还原历史，它还能还原人性，还原真理。但结合这一切，我们可以勾勒出一个对南北战争前美国奴隶制的想象，感性的，具象的，比历史书更有现场感和真实感。

看《红楼梦》才能真切地了解清朝大户人家的生活；看刘震云和苏童，才能分别从官和民的角度了解改革开放前的凭票供应日常；看张爱玲和鲁迅，才知道为什么说当时这个国家从上到下烂透了、没救了、必须革命了；看莫言和余华，能生理性感受到一点儿那个年代的饥饿；看路遥和王蒙，能懂得什么是时代气象——这些"真实"很难从历史书上感受到，只能从虚构的文学上感受到。

"桌子"的概念是关于天下千千万万桌子的归纳。桌子的"理式"在现实中是不存在的，即便柏拉图认为"理式"的桌子才是最真实的桌子。同理，最真实的历史是关于千千万万历史片段的归纳，也不存在。

就像你用饼干模具做饼干，做出来的每一块饼干都有细微的差别，但都会回归到模具的形状。饼干好比千变万化的现实，模具好比万变不离其宗的文学。

这就是我所说的："编出来的故事"可以比"现实中发生过的事"更真实。伟大的文学可以总结一千个真实事件背后的真相，可以成为范式和模型，成为规律和真理，成为真实本身。

印刷时代的文字只能传递一维的线性信息，影像时代的图像能传递二维的平面信息，再佐之以声音，持续的二维图像在时间轴上叠加，就成了动态的影像，帮助我们构成更具有现场感的想象。影像在场景构筑上的真实效果不亚于文学，有时候还更有优势，更难得的是，图片和影像的欣赏门槛更低。

足够伟大的文学作品才能准确传递场景的足量信息，让人有身临其境的现场感。音乐、绘画也是如此。就对我本人的触动程度而言，乔治·奥威尔亲历西班牙内战后写的一整本《致敬加泰罗尼亚》和毕加索的大型油画《格尔尼卡》的信息量差不多，和当时拍下的视频片段[1]也差不多。但相对前两者而言，视频片段的门槛大大降低了。奥威尔和毕加索这样的大神百年难遇，视频片段需要的只是一个在场的拍摄者，就足以让人如临现场。

我曾听一位澳大利亚法律译员讲过一个案子：有一个家暴案子，嫌犯A用刀刺伤了B，陪审团需要对此开一场听证会。预备会上要呈览一件物证——B当天穿的衬衫，半襟都是血。A的辩护律师提出，这件衬衫上的血已经鉴定，是B恰好当时流鼻血的血，而非刺伤后的大出血，衬衣如果被展示，即便说明是鼻血，也会影响陪审团的判断。于是他们开了一个关于听证会的听证会，最终决定该衬衣物证以文字形式而非图片呈览。

从这个"听证会的听证会"中可见文字信息和图片信息的差别。文字提供信息量，图片构筑现场感。后者更易于激发人的想象，更易于人类共情，更具备传播的力量。

- **映像的世纪**

本节中的部分信息来自NHK出品的纪录片《映像的世纪》（11集）和《新映像的世纪》（6集）。

这部纪录片开场就提到索姆河会战，一战西线最大的战役，也是人类史上最血腥的战役之一。

死这么多人，是开战前双方都没有预料到的，双方的预期都是打完回家过圣诞节（越南战争和朝鲜战争中的美国人也持续了这样的期待）。当

1　当时拍摄的视频片段可见于纪录片*Bombing War: From Guernica to Hiroshima*，2016，Emmanuel Blanchard & Fabrice Salinié。

时欧洲已经有半个世纪没有正经打过仗了，进攻技术停留在拿破仑时代。年轻的士兵们戴着传统的皮帽子，将领中还有人衣冠楚楚拎着文明棍，基本战术就是大炮开轰一拨儿，骑兵冲一拨儿，步兵冲一拨儿，人员密集，进攻神速[1]。

但是这次，双方都有新型防御武器：新式重机枪。

英国人发明的马克沁机枪曾在第一次马塔贝勒战争中大发神威，英军以50人军队操作4挺马克沁机枪击退了5000祖鲁人的进攻。当冲锋号面对重机枪时，就是一拨儿一拨儿送人头。有诗为证：

Whatever happens, we have got The Maxim gun, and they have not.

无论发生什么，我们有马克沁机枪，他们没有。

——贝洛克（Hilaire Belloc），于1898年[2]

马克沁机枪和它的发明者马克沁爵士[3]

索姆河会战中的英国人感受到了祖鲁人面对机枪时同样的绝望。重机

1　详见*Perception and Misperception in International Politics*，1976，Princeton，Robert Jervis。

2　引自贝洛克的诗歌*The Modern Traveller*。

3　图片来自英国帝国战争博物馆。

枪是效率极高的防御性武器。英法士兵冲上去一拨儿，德国人就闭着眼睛扫掉一拨儿，无须瞄准。当年游戏《暗黑破坏神2》盛行的时候，流行一个比喻叫"机关枪扫鸡窝"，杀伤性近乎于此。

开战首日，英军就伤亡6万人。在接下来的4个多月里，双方约550万人参战，130万人伤亡，伤亡人数超过大名鼎鼎的"凡尔登绞肉机"[1]。

在本章前面，我提到过在克里米亚战争中，人类首位战地摄影记者罗杰·芬顿拍摄的战场照片引发民众愤怒，间接导致了英国内阁的倒台。而在尸山血海的索姆河，人类第一部战地纪录片开拍——《索姆河之战》[2]。

第一部战地纪录片《索姆河之战》的电影海报

1　即凡尔登战役，为第一次世界大战中破坏性最大、时间最长的战役。战事从1916年2月21日延续到12月19日，德法两国投入100多个师的兵力，军队死亡超过25万人，50多万人受伤。伤亡人数仅次于索姆河战役。

2　原名为 *The Battle of the Somme*，1916年8月10日在英国首映。

今天看起来这是纪录片，在当时看来这是新闻片。在战争期间，该影片在欧洲上映，反响热烈，上映一个半月就有超过2000万英国人观看了影片。女人们紧盯银幕，焦急地在其中寻找丈夫或儿子的身影。

相对于这部英国纪录片的大胆和忠实，法国方面的摄影师则谨慎得多，法国政府很清楚影像的力量，要求执行更严格的影片审查标准："令母亲流泪的镜头不得公开"。这可能有点儿为难摄影师，要在战场上找不令母亲流泪的镜头，恐怕不太容易。

一些未公开镜头被侥幸流传下来，镜头中的画面足以让母亲号哭：一堆一堆的尸体，被弹片击飞的随军摄影师，冲锋瞬间倒地却无人在意的年轻士兵……在看到真实画面之前，我也看过一些关于索姆河战役的文字和统计表。一般来说，死亡人数大到一定程度，它就变成了统计数据，我就失去了对数据的感受力，只剩下理解力。画面之惨烈，重新构筑起现场感，重建我们的同理心，这是多少数字和文字都无法准确传递到的感受。

这样的画面，有助于我们理解二战之前为何英法一再绥靖，一再纵容，退到退无可退，都不是怂人，而是实在被一战吓怕了。

一战打破了人们自亚历山大、汉尼拔、凯撒以来的英雄主义幻想，只剩下毒气、战壕、钢铁怪物（坦克）的暴力、血腥和杀戮，英雄的职责不再是上阵刺杀，而是坐在会议室里看文件。随着摄影摄像技术的普及和成熟，更多更清晰的战场画面被传送到世界各地，普通人也能直击战争丑陋的一面，不再只看热血浪漫的一面。

如果说一战是一场"电影记录"的战争，那么越战就是人类第一场"电视转播"的战争。越战期间，美国每天的晚间新闻几乎都在播放几个小时前的战斗画面，普通美国人坐在家里也获得强烈的现场感，激发更多人对战争的厌恶，从而引发人类社会新一轮的改变。

越战初，美国义务征兵最低年龄是18岁，而当时绝大部分州的投票权和大部分州的饮酒权最低年龄是21岁。由于大学生可以延迟服役，新兵往往是念不起大学的中下阶层，且平均年龄只有19岁。也就是说，你有义务去当炮灰，却没有权力喝酒和投票。在1972年"宪法第二十六条修正案"把投票年龄降低到18岁之前，一直是这种状况。

当然也不是每个适龄美国男人都需要参战。比如美国第42届总统克林顿去牛津念大学，合法闪避；第43届总统小布什选择在国民警卫队服役，不必出境，合法闪避；第44届总统奥巴马那时候不到10岁，这没话说，客观闪避；第45届总统特朗普有一张双踵骨刺的医疗诊断书，合法闪避。

各种闪避引发了青年们的不满。为了使义务兵役制度更加公平公正公开，美国人在1969年发明了"征兵大乐透（Draft lottery）"，摇号抽签当兵。一家人坐在电视机前，心惊胆战地看大乐透一般的摇号直播，成为一代人的共同记忆：差别在于抽中的人不会得到奖金，倒是有可能会丢掉性命。

国会议员Alexander Pirnie在征兵大乐透中抽出第一个"幸运"数字

人们通过电视看到"美莱村惨案"[1]中美军枪杀的平民，妇女儿童横尸水沟；通过实况转播亲眼看到"新春攻势"[2]中美国驻越大使馆被攻破；也看到北越尉官被当街爆头。直至1970年，美军已经累计死亡5万余人。人民期待战争结束，然而肯尼迪在一片反战声音中宣布进军柬埔寨。

1970年5月4日，肯特州立大学4名学生抗议者被国民警卫队打伤，死伤者被绑在担架上送进救护车的画面传达至家家户户的电视机。4天后，爆发了美国历史上最大规模的学生运动，10万人在华盛顿、15万人在洛杉矶同时开始非暴力的和暴力的抗议，把反战抗议活动推至最高潮。当然，这些画面也被传递了出去。

电视机屏幕在家家户户的客厅重构了战争现场，激起反战情绪的高涨。反战运动、和反战紧密结合的黑人平权运动、和反战结合更紧密的嬉皮士文化、和反战结合更紧密的左翼运动，这一切构成了美国二十世纪六七十年代的社会画卷。在民意沸腾之下，美国终于决定退出战争。1975年4月，美国人眼中越战的最后一个镜头结束：飞往美国的最后一班美军飞机在西贡起飞，飞机身后是一群和美国人合作过的越南人追着飞机绝望奔跑。

越战之外，影像传播的威力也为人所知，为人所用。

美国大萧条的景象为全盛时期的苏联提供了大量"资本主义水深火热"的宣传素材。太平洋海战的日军兵败山倒，把美国新闻片剪辑成自己大获全胜的样子在国内播放。二战后柏林被分区占领，东西柏林一时间开出70多家电影院，双方奋战在意识形态第一线，纷纷往电影间隙塞各自的

1　越战期间，美军第23步兵师第11旅第20团第1营C连的官兵，于1968年3月16日在越南广义省的美莱村（My Lai）进行屠杀，三百至五百名越南民众被美军杀害。惨案发生后，美国陆军一直封锁消息。一年后美国记者西莫·赫许（Seymour Hersh）揭发此事，一时国际舆论哗然。

2　1968年1月30日春节前夕，北越人民军和越南共产党联手对驻越美军发起的大规模袭击。

宣传片。西柏林的电影院设置了东柏林居民免费日，立志占据舆论高地。后来修起了柏林墙，就没有这样的福利了。

1969年，美国不惜血本用阿波罗11号把人送到月球上，不是为了科技进步，是为了让全球7亿人一起围观星条旗在静海高高飘扬的电视直播，冷战期间这是所有意义所在——"我要让世界知道我最牛"。

从文字到图像，再到影像，信息传播的速度改变了主流新闻的形式。影像逼真地重构了现场感，从电影到卫星电视，再到视频网站，影像的传播让普通人聚焦大事件，让全世界共情。

2004年印度洋大海啸，发生得十分突然，没有新闻媒体拍摄到当时的画面。正在度假的一名瑞典人拍下了巨浪冲击普吉岛的恐怖场景，并上传到网络。然而当时要检索到这个视频却并不容易。这触发了贾德·卡里姆（Jawed Karim）想要创办一家视频网站的想法，后来就有了YouTube。[1]他们的宣传口号是："播放你自己"（Broadcast Yourself）。

新闻播报要求快速。跑得最快的记者也不会比新闻亲历者更快，再专业的摄影机也无法比拟路人第一时间举起手机拍下的照片和视频。

有人拍摄美人和美景；有人拍摄突发灾难；也有人拍摄人质斩首。人人都是拍摄者，人人都是发布者。人们分享快乐也分享痛苦，传播友爱也传播仇恨。网络是工具，影像是介质，不能说它们是好是坏，但我们知道它们有力量。

1987年，歌手大卫·鲍伊在西柏林的柏林墙边开了一场演唱会。他把四分之一的音响面向墙的另一边，那里有数千名东柏林居民隔墙侧耳，倾

---

[1] 关于YouTube的创始原因，三个创始人有着不同的版本。Jawed Karim认为印度洋海啸和珍妮·杰克逊超级碗露乳事件触发了其创意。另外两个创始人Chad Hurley和Steve Chen则认为是他俩在分享视频时因为文件太大、邮箱无法发送而起的念头。

听他的歌声。这是信息传播中场景重构做得最好的一类——"我把此时此刻此情此景的现场分享给你"。没有哪一个视频可以做到这一点。如果有一天VR技术可以足够逼真、足够普及，或是有其他技术手段可以实现全息场景重构，这必将打开一扇通往新世界的大门。

3.3   人创造工具，工具也改变人

· 速度就是一切

当广播和电视横空出世，报纸——作为同样用来了解信息、打发时间的工具——就已经有了强大的异界对手。然而等到网络出现，广播、电视、报纸这些传统权威都被打倒了。工具永远会更新，不变的是信息传送的需求，人类永远渴望更多更快更廉价。

要判读哪一种信息传输工具已经拥有强大的力量，有一个极简的办法：

人类争夺的东西，无非是财富，更高屋建瓴的人争夺财富的分配权——也就是权力。世界上财富最多的国家，目前是美国。美国权力最大的人，大众视域内能见到的，目前是美国总统。所以令美国总统候选人为大选造势的媒介，往往是当下最有力量的。

总统大选的钦定媒介一开始是报纸和广播，第一次变革始于肯尼迪。

1960年肯尼迪和尼克松竞选总统时，进行了美国历史上第一次候选人电视辩论。当时调查机构给的结论是：听广播的人，更喜欢才思敏捷的尼克松；看电视的人，更喜欢帅气、有活力的肯尼迪，尤其是女选民。最终肯尼迪以微弱优势赢得了大选，可以说从此开启了"刷脸"的时代。从此可以土法预测大选结果——押宝高帅的一方准没错，唯一例外是小布什。

身残志坚的小罗斯福[1]幸亏是在广播传媒的年代，若是晚生几年到了电视传媒的年代，大选的时候说不定会吃亏。

这几十年来一直是纸媒和电视并重。从2008年开始，视频网站YouTube加入这场战斗，成为总统大选主办方之一。2016年横空出世一个意外的竞选者，一如当年的肯尼迪第一次参加电视辩论时的活力四射、意气风发——特朗普和他的推特号。

这是一次被网络改变的大选。

印刷术让我们以更快的方式传递文本，电视让我们以更快的方式传递图像和语音，网络加速了这一切。人类的历史，亦是信息传递不断加速的历史。

有个20世纪90年代的笑话：

"张总，您在家里的电脑点击了复制，再到公司的电脑点击粘贴，是不行的！不是，张总，这不是多少钱的问题……"

第一个不嘲笑张总的人，已经意识到这是实实在在存在的需求——张总的操作是最直观的操作，也是最简单的操作。

如今，这个笑话早已不是笑话。云端数据处理可以让我们真正做到在一个设备上"复制"，在另一个设备上"粘贴"。甚至现在已经不需要通过复制粘贴来备份文件，直接在云端建立文件，在不同的设备上直接操作就行了。

曾经有那么一段日子，便携式信息存取设备的竞争十分激烈，软盘、

1　一般认为小罗斯福总统患脊髓灰质炎腰部以下瘫痪。2003年，一项医学界同行评审的研究认为，罗斯福所患的麻痹性疾病实际上是格林-巴利综合征，而非脊髓灰质炎。

光盘、U盘……厂商竞相把U盘的体积做得越来越小，容量做得越来越大。可是做得最好的U盘并不是败在移动硬盘手里，而是输给了邮箱、网盘、云存储工具。移动硬盘活了下来，也不是因为"便携式信息读取"的功能，而是因为"储存备份"功能。因为网络再好用，依然有网速限制和断网的可能，如果这两个问题也被解决了，我们就连移动硬盘都可以不要了。所以移动硬盘的竞争对手也不是移动硬盘，而是Dropbox，是亚马逊简单储存服务（Amazon S3）[1]业务，是人类把所有东西网络化的企图。

亚马逊还有一项业务，叫亚马逊弹性云计算（Amazon EC2）。[2]如果把Amazon S3理解为云硬盘，那么Amazon EC2就是云主机。亚马逊云屯了一堆计算能力强悍的主机，你在自己的电脑上提交计算需求，亚马逊云帮你算，算完了把数据反馈给你。这项业务如果未来能普及到家用电脑上，还挺让人期待的，想象一下：所有数据都直接在云里，你手头的电脑就只是"键盘+显示器+本地硬盘"，再也不用担心电脑丢了、坏了、更新换代了，等等，再也不用"更新换代"了，电脑价格也会大大下降。唯一的担忧就是网速是否够快够稳定。

电子化信息，因为其传输、复制、存储的低成本性质，链接入网络的一角，就汇入了整个网络的汪洋大海，成为"信息流"，不再是孤立的存在。它是流动的、离散的，也是统一的、完整的，如果你愿意，也可以让它成为永恒的。这是岩画、石刻、造纸术、印刷术、摄影摄像的发明之后，信息储存技术的又一次重大革新，这次革新的意义在于，它不是一个加法，它并没有新增储存的类型；它是一个乘法，它让之前所有的信息储存类型以更便捷、廉价、高效的方式保存了下来。

1　Amazon S3，全称Amazon Simple Storage Service，由亚马逊云（Amazon Web Services）提供。

2　Amazon EC2，全称Amazon Elastic Compute Cloud，由亚马逊云（Amazon Web Services）提供。

- **不断下降的门槛**

如何让张总和其他人能更轻松地使用和分享信息，这是信息处理工具不断进步的方向之一。

工具的进化方向有两个：1. 更强大的功效；2. 更低幼的门槛。

这两者有时候是对立的，有时候也会统一。

先举个对立的例子。

中式家庭厨房和西式家庭厨房就走向了不同的极端。传统中国人家里往往一把菜刀砍、切、剁、劈、片，无所不能。西洋厨房呢？刀都是一组七八件一起卖的。我学德语的时候，外教给放了一个广告片子，里面有两个磕鸡蛋的工具，不锈钢的，闪闪亮，像是手术器械。其中一个用来磕生鸡蛋，一个用来磕熟鸡蛋，旁边另有一个用于白煮蛋切片的。前几天我买压面机送小厨具，让我在cherry pitter和strawberry huller中二选一，这是啥呢？第一个是给樱桃去核的，第二个是给草莓去蒂的。

你可以想象这样几年下来我的厨房里尽是些什么玩意儿，光是刀：切面包刀、欧包割刀、蛋糕脱模刀、比萨刀、黄油果酱刀、黄瓜切片刀、西瓜刮瓤刀、风琴土豆旋转刀、电动片肉刀、硅胶刮刀一套三件、切刀组一组十二件、擦丝切片花刀一套六组……从理论上说，一个二十年厨艺专精大师，能用一把菜刀切土豆丝，切得又细又匀；而我，一个厨房"小苦手"，用特制的土豆丝擦丝刀也能分分钟擦出差不多细差不多均匀的丝。

菜刀好用吗？好用，如果你能苦练刀功，可以把菜刀使成全天下最好用的刀——但我没这个功夫，或者说懒得下这个功夫。对于一个不常做菜的人而言，厨房里菜刀之外的所有刀都在致力于降低厨艺的门槛。

门槛的迅速下降是信息时代的特征之一，以网游为例——

早年很多人的入门网游是3A级大作。攒一台高配置的机子，装一个拉风的显卡，为此还要配一个服务器机箱。回家下载几十GB的客户端，特效全开，没有新手引导，没有指路插件，上手就得好半天。打游戏就像上班，准点下副本，各自站位，一个打副本要几十个人集体协作辛辛苦苦半个晚上。

后来流行过射击类游戏和2D横版格斗游戏，别的不说，客户端就小多了。据说在一定范围内，游戏的客户端每减少几GB，页面达到用户的下载率就会上升几个点。

然后是网页游戏的天下，没有客户端，无须安装，一度风光无限，当年网页上除了赌博网站的广告就是网页游戏的广告。初期新媒体营销KPI可以做到一个新增用户只需几毛钱。一时间各种娱乐圈大咖都在为名不见经传的小页游站台。

这个阶段没持续几年，手游就出现了。如今手游已经成了各个大厂的必争之地。人人都有智能手机，人人都可下载App。相比当年高冷的3A游戏，手游的新手引导特别亲民，要玩得好或许很难，要玩起来倒是没压力。

从专门买游戏电脑，到随便一台电脑都可以下载玩，到无须下载浏览器就可以玩，再到现在的不需要打开电脑在手机上就可以玩；从满世界订杂志找攻略，到现在的手把手新手引导，这一切都是为了降低用户的玩耍门槛。

人类信息传输的历史也是如此。从歌声到文字，从泥板到纸张，从手抄本到印刷品，从纸张到电子屏，从电脑到智能手机，一步一个脚印，工具的功能越来越强大，价格越来越低，传送得越来越快，传送得越来越多。

网络普及以后，信息传输工具就有了更强大的功能，但要到智能手机普及后，才算普遍意义上实现了"更低的门槛"。比如优酷土豆这类视频网站让人看视频更容易，但抖音、快手这类短视频App让人制作视频更容易。换言之，内容制作的门槛下降了。

传播方式和传播内容的变迁

内容制作的门槛下降，会导致很多问题。

问题1：监管难度增加了。工具越来越容易使用，功能越来越强大，使用工具的门槛越来越低，内容制作者就像训练了一个月就上手重机枪的新兵，杀伤力大大增加。可是他们能承担这种风险和责任吗？如今张张嘴造个波及几万人的谣言真是太容易了。

问题2：内容变"水"了。不是说优质内容减少了，而是说因为普通水准的内容增加了，优质内容的比例就减少了，泥沙俱下。我们过去的问题是"如何创造优质内容"，现在变成了"如何检索到优质内容"。

人发明了工具，工具也在改变着人。

譬如筷子影响了中餐。中国人发明了筷子以后，会更倾向于把食物先处理成小块儿再烹饪，既提高了传热效率，也更方便用筷子夹着吃。无法用筷子应付的菜式，不容易被发明出来，比如厚切牛排。

再如洗碗机影响了用碗习惯。没有洗碗机的时候人会觉得"不就几个碗嘛，随手洗一洗就好了"，其实一旦有了洗碗机，用碗量会大大上升。配料时一字排开都是碗，非常气派。洗碗机的爽不是"不用洗碗"的爽，而是"随意用碗不用考虑洗碗"的爽。

传播工具的改变一样会影响传播的内容。

譬如网络小说的收费模式定义了小说的节奏和篇幅。小说按章节收费，最低 3000 字一章，所以几乎每一本热门小说都有上百章，每章3000字以上，但也不会高出太多。

再如手机屏幕的大小定义了公众号发文章的格式。五四运动以来，汉语现代书面语的格式经历了不少变化。报刊连载的小说形式大大加强了小说节奏，以期待读者次次不落地买，而按行收费的模式（不管一行多少字，写一行都算25个字的稿费），刺激产生了"古龙体"这种一句话一行字、大量排比、热衷分段的文风。

现在在手机客户端发布的文章，例如微信公众号和微博长文字，也有很多新特点：

1. 改变了段落前两格缩进的小学语文规范。传统的首词缩进式排版在小小的屏幕上观感杂乱，体验不佳。不足一行的短句子有时会使用居中排版。

2. 多用短句表述，简化句法结构，语言更加口语化。鉴于屏幕尺寸，手机文本每行字不过二十余个，这样就不宜使用太长的句子和过于复杂的句法，否则读者要跨行浏览反复找句法结构，太辛苦。

3. 给重点词句加粗变色的新型强调句。我认为加粗变色可以和下画线、斜体一起被认为是一种新的"非标点"符号。

4. 大量动图、表情包的插入，打散了文字的密集度。这个利弊不好说，有时候是降低了阅读难度，有时候是增加了阅读难度。

5. 其他操作，字体闪烁、跳跃、镜像翻转、修改符（删除线）等。

当年看哈利·波特系列第一部电影《哈利·波特与魔法石》时，我对电影中的报纸很感兴趣：魔法界的报纸上，照片中的人物会动。这其实是作者一个非常朴实的想象——当人类拥有动态柔性电子墨水屏的时候，会怎样？如果这不是玄幻作家，而是"硬核"科幻作家，很有可能会多想一步：照片要是能做成动态的，文字可以翻页吧？文字要是可以翻页，还需要做成1开那么大的报纸吗？

当然这也是我的马后炮了，如今智能手机已经取代了报纸的功能。技术改变的不仅仅是一张会动的图，还会改变阅读工具。随着版面缩小的，是句子的长度；随着句子缩短的，是内容的门槛；门槛越低，辐射到的用户越多，用户越多，内容越通俗。

如果说微信改变了文本，那么游戏就改变了叙事方式，交互式的叙述重新定义了什么是"故事"。工具的改变直接促成了内容的改变。

有些人从20世纪80年代至今哀叹了快40年"文学之死"，他们眼里通俗文学不算文学，正经的、严肃的才算。这种人每个朝代都有，但文学的死活并非这些人说了算。

《红楼梦》曾被评为"最难看懂文学名著Top 1"，放清朝这就是一本被疯狂传抄和盗版的爆款小说。有人评价宋词大雅，其实这是当时人们的说话写文章的风格，是即兴应酬张口就来填的歌词，当年都不上台面。诗经的国风更都是村野民歌。晏殊嘲讽柳永的词格调低俗，亦难想象如今的儿童课本上已有柳永的名字。经典文学在当年也并不是严肃的、脱离群众的、阅读门槛是很高的。上等人才看俗不俗，我们群众只看好不好。有人看的文学，才是活的文学。

　　同理，如今的网络小说、公众号，宽泛一点可拓展到剧情游戏，内容是多了点，泥沙俱下了点，但这样的文本类型在今日是受欢迎的，是活力四射的，其中理当有流芳百世的优秀经典之作，或许我们还未察觉，历史将会给出答案。

第 4 章

效率的竞争——快消一切，快消全世界

曾经有一个问题被讨论了很久：乘坐电动扶梯需要遵守"左行右立"[1]的规则吗？

这曾被认为是有素质的标志。在有些地方，你若是杵在扶梯左边站着不动，可能会招来鄙夷的目光。世界上很多国家和地区都有这样的成文或不成文规定，以同时照顾着急赶路的人和想节省体力的人，左行右立节省了空间，提升了通过效率。[2]

这个电梯礼仪由欧美普及而来，日本、韩国、新加坡、中国的香港和台湾都原样照搬。以东亚的人口密度，经常可以看到这样的景象：自动扶梯一侧密密排着一列人，另一侧则全空，电梯口堵满了想坐电梯但又不想走路的人。

2015年伦敦在它们最繁忙的地铁站之一——霍尔本站（Holborn

1　日本交通规则为靠左行路，所以日本的该规则为"右行左立"。

2　现在很多国家和地区开始禁止左行右立，鼓励行人在扶梯上站定不动。其中有安全考量，也有效率的考量。

station）进行了一项实验，对比"左行右立"规则和"站定不动"规则下电梯的运行效率。结论是，后者运行效率比前者高27%。[1]怎样做才有效率？这并非简单可得的答案，不同的条件下自有不同的最佳方案。

4.1　奢靡浪费的美国人

美国人很喜欢给全世界讲环境保护的重要性。然而我初到美国时，被美国人巨大的"浪费精神"深深震惊了。365×24小时不断电的空调、电灯、户外暖气、可以钻进去一个成年人的家用大烤箱、家家必备的皮卡车、随处可见的一次性餐具、不用太阳晒衣服都用烘干机烘干……

根据联合国粮农组织的数据，每一年，富裕国家浪费的粮食总量相当于撒哈拉以南非洲的粮食净产量。

尤其是在食物浪费方面，看着会议室一箱一箱丢的外卖、面包、黄油，餐厅能丢则丢的新鲜食物，作为一个已经不算勤俭的社会主义青年，我的内心遭到了暴击。曾经，卖螃蟹的小二为了向我展示秋季马里兰蓝蟹的肥美，随手抓了一个鲜活的螃蟹拆开给我看，看完就立即丢进了垃圾桶，垃圾桶！我做错了什么，要让我面对如此令人心梗的画面！

1　数据引自《华盛顿邮报》，2019.03.27，*Metro's 'Stand right, walk left' is all wrong, professor says*，Fredrick Kunkle。

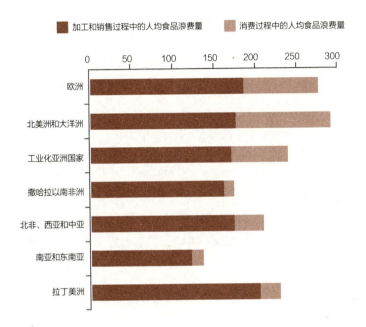

深色部分是加工和销售过程中的人均食品浪费量，浅色部分是消费过程中的人均食品浪费量。[1]

资本主义腐朽罪恶的生活方式深深伤害了我纯洁的心灵，令我夜不能寐，开始思考这个问题——美国人为什么浪费粮食？

- **中国物力维艰，劳动力不均衡**

讨论"美国人为什么浪费粮食"，就要从"中国人为什么珍惜粮食"这个对照组说起。中国人对"不浪费粮食"似乎有特殊的偏好，虽然说浪费任何东西都是可耻的，但国人似乎觉得浪费粮食是浪费可耻的最高级。我想没有什么观念是天然正确、与天地俱来的，如果我们认为它理所当

---

1 数据引自联合国粮农组织（FAO）2011年的会议报告，*Global food losses and food waste——extent, causes and prevention*。

然，那一定有理所当然的理由。

在自然界，动物一般不会浪费食物。它们会尽一切可能去利用食物，它们绝不会无故浪费热量。母兔子觉得营养条件不好了，就会主动流产小兔子，并且把肚子里的胚胎消化掉，还原成自己的营养。母螳螂为了补充蛋白质，可以把交配完的公螳螂吃掉。很多雌性章鱼生完宝宝不吃不喝，就地自杀——为了不和宝宝争夺食物，反正章鱼宝宝不需要妈妈照顾。

原始人类不会比这靡费多少。粮食就是热量，热量就是一身的肉，肌肉就是力量本体，肥肉为力量保温，力量支撑生存。当人类刚刚进入农耕社会，看上去获取热量的效率更高了，但人均获取的热量反而更少了。因为稳定的栖息地有利于人口数量的增加。史前考古结果显示，早期农耕人类比狩猎采集时营养更单一，身高更为矮小。

东亚农业素来人多地少，喜欢种水稻这种单位产量高的作物。水稻有以下几个特点：

1. 对水利灌溉和劳动力要求比较高。
2. 水稻的劳动力需求具有强烈的实效性。种稻子的日子，得大伙儿撸起袖子插秧，秋收的时候得大伙儿一起收割，在这两个短时间段内需要非常密集的劳动力。这对劳动力资源的分配非常不利。

举个例子。我国每年春运时铁路压力非常大，据说中国春运是除非洲角马迁徙以外最壮观的哺乳动物季节性迁徙。每年铁路总公司尽一切力量把人挤进车厢，塞回老家，然后一个月后再塞回来。这样的密度、这样的体量，在全世界都是绝无仅有的，这需要春运管理部门有非常专业的协调组织、统筹规划能力。

既然年年这么挤、这么累，能不能要求铁路总公司在硬件上扩容呢？多修几条铁路，多连几节车厢，多盖几座车站，让大家春运轻轻松松？当然不能。因为铁路春运是季节性的，一年就那么一个月，扩容后春运是轻松了，等过了春运，这些资源会闲置，造成巨大的浪费。

根据汉学家彭慕兰[1]的观点，水稻的劳动力需求就好似一年两次的春运，春种一次，秋收一次。尤其是秋收，必须在短时间内筹集那么多的劳动力，才能收获一整季足够的粮食。而这些劳动力，一年只需要密集使用两次，剩下来的漫长时间里，既不能让他们冬眠，也不能不给他们吃饭。

所以水稻的农耕文明，虽然亩产颇丰，但需要足够的人口密度，这导致人均粮食总是在一个紧巴巴的供应上。

在中国近代化之前，中国一直是以农耕为主的社会。直至新中国成立，中国也只有一成的城市化率。

中国并没有摆脱农业社会太久，我的父辈甚至都有二十世纪六十年代初的饥荒记忆。这种农耕传统文化和现实贫困的记忆交织着，形成了当代国人关乎"粒粒皆辛苦"的美德构建。我的大学食堂里还会挂着"一粥一饭，当思来之不易；半丝半缕，恒念物力维艰"这样古老而温情的对联。或许是基于同样的水稻文化，东亚三国中日韩都有这些关于珍惜粮食的教育。

那么，美国呢？

· 量大管饱，口味有点糟

美国人也有节衣缩食的时候。

二战时肉类供应短缺，美国国防部找了一群社会学家、心理学家，研

1　详见《大分流——欧洲、中国及现代世界经济的发展》，江苏人民出版社，2010年，彭慕兰。

究怎么说服美国人吃动物下水。二战后动物内脏消费量提升了33%[1]，虽然和欧洲、中国比起来，这点消费量根本不算什么。

1973年石油危机，欧佩克实行石油禁运，油价涨了4倍，一不小心捧红了日本汽车产业。美国通过了《能源政策和节约法案》[2]，其中有条款允许汽车在红灯时右转。

这说明浪费的毛病是有钱惯出来的，穷了就老实了。

和中国相比，美国的大众食物相当单调。麦片，就那么几个牌子；饼干，不是这家就是那家，查一查这家和那家背后还是同一个集团公司。这可以归结为托拉斯后遗症。

美国的农产品也很单一。在我家乡的主流菜市场中，一年四季有各种菜，光是绿色叶菜就有菠菜、芹菜、茼蒿、莴笋、油麦菜、小白菜、大白菜、荠菜、芜菁、鸡毛菜……美国的主流菜市场中绿叶菜只有包菜、小包菜，好心一点加上香菜、罗勒这种香料级别的。其他大型超市常见的蔬菜我两只手可以数得过来：洋葱土豆胡萝卜、洋蓟黄瓜西蓝花、生菜芦笋紫甘蓝。

见过美国的大型农场，就能理解食物品类匮乏的原因。

几十里长的田埂上，大型农机轰鸣，洒农药的小飞机从头顶掠过。早年还雇用大量墨西哥人摘果子，现在从摘草莓到摘棉花，越来越常见机械爪。光看文字可能感受不到什么，当你亲眼所见或是找个纪录片从视频里看见：一眼望到地平线的平整农田，外挂各式机械臂的拖拉机，小铁轨运一人多高的棉花卷、十八轮卡车装载粮食果蔬……这里没有下地干活的农民，只有操控大型农业机械的操作员。

1　引自 *The power of habit: Why we do what we do in life and business*，2012.02.28，Charles Duhigg。
2　即 Energy Policy and Conservation Act of 1975。

这是农业。可这样的农业和工业有什么区别？

每一个机械都是量身定制的，摘草莓的机械臂专门摘草莓，不能摘棉花；打棉籽的机器不能打瓜子；装洋葱的袋子也不会拿来装土豆。这些流水线固定成本虽然高，一旦建成，边际成本会迅速下降。这导致一个后果：产品线迅速收缩。

低成本必须大规模，大规模生产必须大规模消费，想要大规模消费就必须减少品类。如果我能让美国人只吃一种叶菜，就尽量只生产一种。一种菜可以共享同一整套生产流程，可以让人一次买一大包，降低流通成本。

为了降低成本，现代农业做了很多改变。

比如基因改良。在番茄的基因里，"厚皮"和"香味浓郁"天然不可兼得。育种公司冒着放弃番茄香味的代价，坚持选表皮更硬的番茄，为的是利于冷链运输和储存。我的德语阅读课本上有一句话："买番茄要去土耳其人开的杂货店，他们的番茄有香味。"一般欧美超市里买得到的普通番茄只能叫番茄基质，拿来做番茄炒蛋，你不放番茄酱根本吃不出那是什么。土耳其的农业类似中国，还保留部分小农经济中鲜美的地气。

这里要澄清一点，不少营销号以"美国人不吃转基因食品，只卖给中国人吃"为标题，吸引了10万+的转发。我稍微辟谣一下：美国人不但吃转基因食品，而且吃得非常凶。甚至没有法律规定食品包装上必须注明"有转基因食品成分"，即便日常只买带"有机食品"（Organic）标签的食物，也很难避免通过食物配料摄入转基因。

高热量和单调的代价换来一个结果：极为低廉的粮食价格。而且越健康的食物越贵，越高热量的垃圾食物越便宜，所以普遍认为美国穷人比较胖。更便宜的是食品工业用的玉米糖浆。美国零食口感偏甜，经常甜到发駒。美国一些比较差的公立中小学，学校午餐就都是这种东西，薯条番茄炸鸡块，中国父母看了想打人。

在奥巴马执政时期，第一夫人搞过一个"学校健康午餐计划"，该计划既不给足够的钱，又要求学校提供果蔬、降低卡路里，于是食物供应量大减，蔬菜太贵，只能提供糊糊状廉价蔬菜泥罐头。推特挂了#thanksMichealObama#（翻译为：我可谢谢您了奥巴马夫人）的标签，里面大多是学生拍的"健康午餐"照片，看上去比牢饭还要惨。于是学生们浪费的粮食更多了。

· 物轻人贵，还是物贵人轻

小时候看过一篇名家散文，大意是说自己小时候很穷，很爱惜衣服，放学跟人打架都要先把衣服脱下来包好，赤膊打。这样即便挂了彩，也不会伤到衣服。可见衣服比人金贵。

又想到以前有一篇"雄文"——《夏令营里的较量》。这是一篇20世纪90年代流行的伪报告文学，内容为日本小孩和中国小孩一起参加夏令营，文章极尽渲染日本小孩带病远足坚忍不拔，同时批评中国独生子女娇气孱弱、中国家长包办溺爱，最后表达中国的未来难敌日本的担忧。

我想到战斗力最强的美军被说是"少爷兵"。但娇气的少爷兵在二战时打赢了自诩坚毅顽强的日本兵。到底是坚忍不拔好呢？还是少爷兵好呢？我们稍后再做结论。

在不算太久的过去还有这么一种风气：把苹果手机的零件拆了，算一算成本价格120美元，结论：苹果暴利。做一台手术，算一算心脏支架成本价才一万元，手术几十万，结论：医院暴利。电子书、电子游戏，这又不需要什么成本，怎么还要收我钱，买盗版。

曾经有很多人习惯用原材料价格来计算商品的价格，不计算凝结在其中的人力成本。这不能怪那个时代的人，因为我们的人力曾经是廉价的，甚至是免费的——农业社会，非农忙时期，闲着也是闲着；公有制大锅饭社会，工资不高，下班也不能跑滴滴，也不能送外卖，也不能接私单，闲着还是闲着。闲置劳动力价格为零的话，人力成本就毫无概念了。

但马克思教导我们：商品价值是指凝结在商品中无差别的人类劳动。无差别的人类劳动则以社会必要劳动时间来衡量。

亚当斯密也把劳动量作为一切价值的来源，并认为生产所需的劳动量是价值最佳的度量手段。

也就是说，苹果手机里不但有材料费，还有设计费；心脏支架手术不但有支架费，还有心外科医生护士的手术费，还有心外科医生护士的培养成本、医护人员养老育儿的成本。

哈佛大学公共卫生学院的一项研究[1]显示，在2012美国学校午餐营养标准提出之前，公立学校的学生丢弃75%的蔬菜。2012美国学校午餐营养标准提出之后，情况有了改观——变成丢弃60%。

为什么呢？一个是预算有限导致难看难吃，另一个是食堂不可能知道每天精准的消耗数据，只能根据历史的消耗进行预估，然后再加一个冗余量，保证每个人都能吃饱，所以每天都有剩余。如果今天吃不完的菜，要第二天接着卖，那就要准备一个通宵工作的冷藏系统，还要专人负责维护、检验。我们之前说了，美国的大众食物很便宜，人工比较贵，这样做显然是划不来的。零售端的食品价格里不仅有原料费，还有维护费。

1　详见*Impact of the New U.S. Department of Agriculture School Meal Standards on Food Selection, Consumption, and Waste*，2014.03.04，American Journal of Preventive Medicine，Juliana F.W. Cohen, Scott Richardson, Ellen Parker, Paul J. Catalano, Eric B. Rimm。

浪费的反义词是节约。我们要节约什么、浪费什么，这常常取决于物品的价格。

中国人工便宜，材料贵，所以我们选择"浪费"人工，"节省"物资；美国人工贵，材料便宜，所以美国人选择"浪费"食物，"节省"人工。

开头提到的动物内脏，利于人工处理加工，而不利于工业化处理。工业化流水线擅长处理标准的、统一的物件，比如只用整块的大片牛肉，猪肚羊腰子扔掉；比如只用大小标准的土豆，忽大忽小的土豆扔掉；比如只用大片龙利鱼，带刺儿的鱼扔掉。为了适应工业化大生产而节省人工，美国人不惜浪费食物，甚至把虾籽、蟹黄都扔掉，暴殄天物！痛心疾首！

人工是可再生资源，但物资不是：生产食物需要化肥和农药，使用烘干机需要大量页岩油燃烧获取的电力，车轮上的国家需要大量汽油……

中国人的日子越过越好，人力会越来越贵，物资也会越来越充裕。希望我们在享受现代化便利生活的同时，不要忘记勤俭朴素的初心。烘干机是好东西，但天气晴朗的时候，不妨让衣服晒晒太阳；冷气机是再生父母，但不是那么热的时候，也可以开开电扇，感受一下四季变换；厨房纸很方便，但准备一块干净的擦手巾可以大大降低厨房纸用量——竭力把每一分物资都用到刀刃上。

上面说的是"不该糟践的东西不要糟践"，但"该下的本钱还得下"。现在，我们终于可以回来讨论美军的"少爷兵"问题了。

早在一战时，美军的后勤就以靡费无度闻名了。二战时更是有不少"少爷"典故，讲一讲最著名的一个。

1944年，驻扎在佩勒琉（Peleliu）岛上的美军陆战队第122中队利

用F4U海盗式战斗轰炸机制造冰淇淋。一共试验了三次。第一次，他们
拆了副油箱，装上冰淇淋液，飞机迅速拉高到万米高空，这里的温度是
-35℃，兜圈子35分钟，下来一看，还是液态，没成功。第二次，他们把
弹药箱改成巨型冰淇淋桶，挂在机翼下面，冻成了坨。第三次，他们在弹
药箱里装了两片带自动旋转装置的螺旋桨，快速冷冻、快速搅拌，这已经
是冰淇淋机的标准模式了，这一次成功了，口感完美。这个做法后来被推
广开来，成为军中美谈——想一想，有多少石油才敢这么作。浪费吗？少
爷看重生活品质，不差钱，不在乎。

1945年，一个美国海军飞行员正在享用海军陆战队为他
们制作的量贩装冰淇淋（来源：美国海军研究所）

现代战场的美军以浪费火力闻名。看过一本美军阿富汗战场狙击手的
自传，作者说现在狙击手的作用比较有限，一旦发现对方有狙击手，绝对

没有耐心对射，而是呼叫空中支援，哪怕敌方只有三五个人，也要招呼飞机扔价值几百万美元的炸弹，先把整个山头炸平了再说——浪费吗？少爷惜命，不怕烧钱。

在太平洋战场上，天壤之别：一边用海盗战斗机做冰淇淋；一边用神风自杀机进行飞行员人肉制导。

张召忠少将说"空调就是战斗力，没有空调的武器不是好武器。"我们以前没条件，不得不要求艰苦奋斗；现在条件好了，物资匮乏的苦头少吃一点，就可以把艰苦奋斗的精神用到技战术训练上，用到更刀刃的地方。空调是战斗力，冰淇淋也是战斗力，随着我军后勤水平的不断提高，我们的子弟兵必然也能拥有更充裕的物资供应、更强大的作战力。

4.2 快消一切，从家具到知识

我们可以继续"美国人暴殄天物"这一话题。在中国的大学化学实验室，实验室管理人员和硕博研究生经常被调侃为"刷试管的"。我以前认为美国人比较推崇机械化，可能会用类似洗碗机之类的东西批量洗试管。事实证明我太天真了——美国人用试管，用一个砸一个，不洗，一堂课下来砸掉好几箱。原因很简单，洗试管涉及各种试剂，成分复杂要求高，还不如买一个便宜。背后的逻辑是：制造新试管的成本，低于重复利用试管所要消耗的劳动力。

国内也有这样的趋势。我看到一个讨论日常生活小技巧的文字，作者以恍然大悟的语气说"我才发现很多东西如果要耗费大量精力保持洁净，还不如换一个"，她举的例子是拖把海绵、一次性抹布、一次性手套、一次性裱花袋等。

可见偷懒是全人类的本性。等我们的实验室管理人员工资和硕博研究生补助提到足够多的时候，我们应该也会用一个砸一个。可能有人会想到环保问题，我预防性解释一下：首先玻璃是可回收垃圾；其次，清洗试管较为复杂，所消耗的试剂、水资源以及清洗后的废液也会对环境保护造成压力。

从洗试管到砸试管，从洗拖把到用脏就换拖把头，这二者都完成了日常消费品从耐用品到耗用品的转变。这是近年来日常消费品中最显著的变化之一，发生在各行各业。

· 快消一切

快速消费品，简称"快消品"或"快销品"，又作"快速消耗品"，指销售速度快、价格相对较低的商品类型。最无争议的快消品是日常食品和部分日用品，肉蛋奶蔬菜水果吃了就没，洗发水用一坨少一坨，非常快速。根据国际标准工业品分类（ISIC），快消品有以下种类。

编号	类别	编号	类别
1512	鱼和鱼产品	1549	其他食品
1513	水果和蔬菜	1551	烈酒、乙醇
1514	种植物和动物油脂	1552	葡萄酒
1520	乳制品	1553	麦芽酒和麦芽
1531	粒磨产品	1554	软饮料、矿泉水
1532	淀粉和淀粉制品	1600	烟草制品
1533	动物饲料	2101	纸浆、纸和纸板
1541	烘焙产品	2102	瓦楞纸、容器
1542	糖	2109	其他纸和纸板
1543	可可、巧克力和糖果	2424	肥皂和洗涤剂、清洁剂、香水
1544	通心粉、面条、蒸粗麦粉	2430	男士和女士的内衣、剃须凝胶、除臭剂

近年来，手机、游戏机等电子产品被归类于"电子快消品"。

快消品和耐用品不是非此即彼的二元，而是一条线段的两极，各种商品落于连续变化的光谱之上。随着消费品行业的发展，很多行业虽然不是快消行业，却有着迅速往快消品移动的趋势。不妨暂时放下书，环顾四周，看看你周围的一切所见之物，多少东西悄无声息地在往快消的一极上走。

· 我面前放着电脑和手机

电器类的快消化有更客观的原因。以前的电子管电器比较便于维修，现在都是集成电路，不容易拆不容易修，维修就是换电路板，性价比不高，还不如整个儿换一个。有调查显示，2005年生产的小家电的使用寿命比2000年的平均缩短了20%。

这个问题在曾经的诺基亚和Kindle上也存在。我的Kindle用了4年了，壳子都碎了两个，真身还是好好的，完全没有更新换代的理由。站在消费者立场，这是我热爱这个产品的理由，站在投资人立场，这是财报难看的原因。

· 我开着台灯

灯泡的快消也很有故事。有一个词叫"太阳神卡特尔（Phoebus cartel）"。卡特尔是一种垄断利益联盟的音译，有点儿像托拉斯。电灯被发明后，不久就进入了商用领域。到1924年，不少灯泡为了在竞争中取胜，不断延长灯泡的使用寿命，开始在广告中宣传2500小时的使用时间。为了维护行业利润，同年，包含欧司朗、飞利浦及通用电气在内的全球几大灯泡制造商建立了太阳神卡特尔，或译作太阳神垄断联盟，要求厂商通过技术手段将灯泡寿命控制在1000小时之内，如果超过这个使用时限，厂商将被联盟罚款。到了20世纪40年代，市售灯泡普遍只有不到1000小时的寿命了。

· 我穿了丝袜

袜子被认为是快消品，但它本来可以不用这么快消。尼龙丝袜是1940

年杜邦公司发明的，它们发明了强度极高的尼龙纤维，用这种纤维制作的丝袜坚固耐用，不易勾线，不会破损。不久，杜邦公司意识到它们遇到了麻烦：如果东西总是不坏，谁来源源不断购买新产品呢？杜邦很快开始研发一种更脆弱的纤维，让袜子保持在几个月的寿命——当时这叫"计划性淘汰"，太不好听了，所以现在换了个说法，叫"产品生命周期"。

这样做合理吗？为了行业利润，刻意将产品寿命缩短，十分浪费资源，怎么看都不符合社会总福利和全人类利益。

此外，还有另一类"耐用转快消"。继续环顾四周——

• 我手边放着水笔

常用的笔是一套15色三菱水笔，最常用的是紫色、绿色，奇怪的颜色适合在书上直接做笔记。我抽屉里还有两支钢笔，是一位作家送我的，我好久不用了。想起小时候，每个小学生都有一只英雄钢笔被摔得笔头歪斜，不得不送去维修。再早一点，价格不菲的英雄钢笔可以作为订婚礼物，文化人插在胸前的衬衫口袋里做装饰，一如手表。和钢笔几乎永远用不完的墨水相比，水笔笔芯用不了几个月就要更换。每个高三文科生几乎一个月就能用掉好几支笔芯。我们的笔，已经从耐用品钢笔变成了快消品水笔。

• 桌子下有一个宜家零食架

宜家带轮子的小货柜，不到50美元，拿来放零食刚刚好，吃到哪里拖到哪里。毫无疑问，宜家是最成功的家具快消品牌，也是第一个有国际影响力的家具快消品牌。在宜家之前，我们都不知道家具这种最考验产品耐久度的传统行业也可以快消。基于大量的流动人口、大量租房的生活场景、快速变化的装修风格，我们并不指望宜家家具用上几十年，甚至传代，我们只希望用几年，坏了一般不修，直接扔。

• 我现在穿着ZARA的衬衫

衣柜里还有H&M，这两个都是服装快消品牌。ZARA以极其迅速的供应链闻名多年，从设计、打版到销售，据说平均只要三周时间。和普通服装品牌相比，快消服装品牌外形上更时尚一些，和大牌相比，它更便宜一些，一般不会穿太久，更换频率比较高。在中国市场，它们的价格和速度优势都不算明显，质量更没有优势，前途有些微妙。

服装快消，不仅影响人们的消费方式，还会影响价值观。

20世纪90年代有文章讲西方小孩整天在地上滚、草坪上跳，但中国家长却不许宝宝爬来爬去，不肯放手，结论是这样的宝宝缺乏好奇心和探索精神，中国的将来要完蛋。

美国小孩的确是满地爬的。因为衣服每天换下来往洗衣机里一扔，烘干机里一拿出来，整个清洁流程就结束了。衣服要是破了洗不干净了直接一扔，毫无缝缝补补、艰苦朴素的概念——衣服是快消品。而20世纪90年代，中国的大多数家长要手洗衣服，手工晾干，衣服价格占工资的比例比较高，水费肥皂费都是钱，磨破了还要织补，还需要罩衫、套袖日常保护——这里衣服是耐用品。这怎么能让家长允许宝宝满地爬、随地滚呢？

当时还有人认为妈妈对孩子户外探索行为更保守，比如不许孩子在地上滚，不许孩子弄脏衣服；而爸爸更倾向于鼓励探索，比如和孩子下雨天一起踩水坑，得出"妈妈带孩子不如爸爸"的结论。这根本原因是20世纪90年代男性家务参与率不算高，脏衣服脏裤子脏孩子往往要妈妈收拾。

这一类的快消品和上一类不同，它们对原有的耐用品市场构成了竞争。

钢笔的竞争对手不再是钢笔，而是水笔。家具的竞争对手不再是家具城的同行，而是一个卖大型组装积木的家伙。缝缝补补又三年的时代过去后，衣服结实不结实、耐磨不耐磨不再那么重要，能抗过两年就可以算质量好。当厨房纸代替了抹布，过去一切勤勤恳恳工匠精神致力于把抹布做得更好用、更耐用的研发都失去了意义。

消费者需要便利、廉价、新鲜感，并不介意损失一点儿质感；生产者需要产品换代率，并不介意薄利多销。

• 知识快消

我小的时候有一类书，叫《×××速成硬笔字帖》。真的速成，非常有效。我试过花一个暑假练字，每天写两张纸，不出几天就能有效果，两个月后成果斐然。但开学后忙起来，写字速度一旦加快，不出两周，又打回原形。这样反复几次，最后我也失去了耐心。反观班上很小就开始写毛笔字的同学，一手漂亮的字似乎附着在他们身上，赶也赶不走，不论缓急，哪怕几年不练，随手记个笔记都赏心悦目。或许，这种速成字帖也是快消品的一种。

一度流行的"极简××史""每天五分钟，学会一口流利的商务英语""三天学会绘画""一周马甲线雕刻"等，也是这类知识快消。三天无法学会绘画，倒是能给人以"三天学会绘画"的短暂错觉。此外，不以收费为目的，而以吸引（可转化为广告流量的）注意力为目的的快餐文自媒体，也可以算这种知识快消。记住快消品的特征：使用周期短，用完就扔。

和其他商品的购买行为相比，知识商品的购买自带"消费主义"闪避，其中的"快消"类知识更具迷惑性。我一台又一台地买游戏机、一支接着一支地买口红时，会很明确这是一种以自我愉悦为目的的"消费"行为，会警惕，会提醒自己收敛一点；但当我一本又一本地买书、一课又一课地下单、一篇又一篇地刷文时，我会以为自己是在投资，会以为这一切都是能赚回来的，下手会格外痛快。

所以贩卖焦虑才那么有市场，毕竟你不焦虑他怎么赚钱：你必须焦虑。

我曾见过一些网课广告。很多网课非常有价值，也有一些课程光看标题就让人上火，例如"如何成为受欢迎的人""如何有效社交"，当然也包括"如何不焦虑"。宣扬消费主义为消费行为打前站，贩卖焦虑则为知识快消打前站。

这些网站气氛积极活泼，看久一点脑子里就充满了正能量，似乎穿越回了大学抢选修课的时代，那时的人生还在奋进，前途一片光明，时不我待，未来可期。

那时候，有些老师很受学生欢迎，课上总是充满欢声笑语。大一的我处于人生中最无知又不自知的状态，也上过一些这样的课。这些课不能说没有意义，但真学到东西的还是在另一类枯燥严肃的课堂上。现在想来：人文社科类选修课，老师仗着年龄和阅历优势，挑点儿边角料、攒几个段子，让本科生听得津津有味满堂喝彩，实在是太容易了。煽动情绪比引导思考便宜多了——这也是很多自媒体的路子。

快乐地自以为获取了知识，这或是大众需求。这种授课风格，改头换面后被平移到现在的互联网上，就成了知识付费产业。这个产业有时候不是贩卖知识，而是贩卖焦虑——在付费的时间里，我假装我在上进，我没有虚度时光，我没有被时代抛弃。

现代人焦虑到什么程度呢？我已经看到帮人读书的App，是"替人读书"，不是给人做读书指引和推荐。这让我想到一个流传已久的笑话，说某晚清高官出访欧洲，一贵族表演打网球以娱宾客，欧洲贵族气喘吁吁地问比赛如何。晚清高官答："好看是好看，雇人打便是了，何必亲自辛苦呢？"

这时候我们就要把"读书"和"学习"区分开来。

读书就是一种普通的打发时间的方式，是一种快乐的消遣。有人爱阅读，就像有人爱画画，有人爱旅行，都是为了消遣娱乐。花钱买App替自己读书，就相当于雇人替自己画画，雇人替自己旅游，然后拿着画儿和风景照侃侃而谈心得，匪夷所思。

学习则难免辛苦，难免咬牙切齿读专业书、读硬货，且无法请人代替。又想要学习的收益，又想要读书的快乐，于是找人替我学习又轻松又显得我很上进，回头社交时还能蹦出几个术语装文化对不对？

有点像义务教育阶段每个班上都有的那种认真努力逐字记笔记但成绩不佳的学生——不动脑子归纳总结记忆理解，只想机械地抄笔记做题目填满时间，获得心理上"我在努力"的安慰。没必要，真没必要，还不如啥也不干但成绩很差的人混个轻松呢。

媒体人孙旭阳在"腾讯·大家"发表评论称，年轻人迷信"知识付费"就相当于老年人信传销、买权健……首先，需要通过发明名言警句把现实简化，这种极简的知识体系，为的是匹配速成的学习心态。

其次，知识付费和保健品能成功的第二个关键在于，无论是保健品的所谓"疗效"，还是网络课时的"学习成果"，都没有客观的量化标准，全凭当事人空口白牙。因此，从本质上说，保健品和网课都相当于某种精神产品——脱离失控感和生老病死的恐慌，在任何年代都是人类的刚需，人类文明也正是建立在这些刚需的基础之上，只不过有人信了苏格拉底，有人信了妖魔鬼怪。

——界面文化·思想界《在知识付费中跨年：
作为营销手段的时代焦虑》2019年1月7日

正如快消的商品不一定是劣质的，快消的知识也不一定没用。我没有黑"知识付费"的意思，我付费买过不少好知识；我甚至没有黑"知识快消"的意思，速成钢笔字用来写圣诞卡片绰绰有余。但我们都知道别墅不会只用快消家具装修，身边的物品常换常新；肩上的脑子却是不能换的——所以脑子里总要有点儿经典的东西，不能都是快消品。

4.3　人，劳动力的快消

在南北战争前的美国南方种植园里，黑奴劳动力非常廉价。种植园主在安排人从事高危作业时，往往会花钱去雇用贫穷的自由白人，而不是让自家地里的黑奴干活。因为当时雇用制度下的白人劳动力一旦工伤死亡，主人最多再花一笔工钱再雇一个人；但黑奴若是工伤了，主人就要重新购买一个黑奴，这笔花费比工钱贵多了。在这里，自由白人劳动力就充当了劳动力的快消品。

黑奴是高级劳动工具，一个理智的奴隶主，一定会好好保养他的工具，让奴隶有力气干活，不生病，就像士兵善待他的枪。奴隶主的诉求是利益最大化，是把黑人一生的价值榨干，鼓励他们恰到好处地生小孩，长大又是一个奴隶，一代一代完成工具的自我更新。

某天我在一家自助餐厅吃现煎汉堡，眼见着厨师处理牛肉。只见他拿出大块牛肉，把边边角角好大一部分切掉，扔进垃圾桶。他旁边的厨子在处理三明治，拿出土司，先把四边切掉，手一抖，倒进垃圾堆。我在本章已详述美国人惊人的浪费粮食现象，主要原因有两个：

1. 农产品供应充裕、价格低廉。
2. 成品价格中，原材料占成本的比例很低（物流、行销、零售端损耗占比较高）。

那我们国家有没有这样特质的东西呢？

——人，或者说，廉价劳动力。

· 教育

中国的劳动力人口红利，不仅仅是生育带来的，更是因全球最大规模的城市化带来的，也是全球领先的女性劳动参与率[1]带来的。相对城镇教育条件，农村劳动力培育的成本相对比较低。因此，我们国家在过去几十年间，有源源不断的低价劳动力供应。

2018年，《中国青年报》的一则报道引发了争议。报道称，全国200多所位于贫困地区的高中，通过直播技术跟着成都的"超级中学"——成都七中一起上课，学生的成绩有了显著提高，有的学校本科升学率提高了十几倍，有些学校甚至出了省状元——报道认为，是直播的屏幕改变了这些孩子的命运。

一部分人为这个报道感动落泪，一部分人认为这暴露了教育资源配置的不公。成都七中的孩子多出身城市中的中高收入或知识分子家庭，从小教育环境优越；贫困地区高中的孩子没有这样的条件。

试问：如果教育资源配置完全公平，如果全国所有中小学有一样水平的师资和教学，这就合理了吗？

让我们把问题极端化一下。假想一个科幻小说剧情：现在有一个绝对公平的理想社会。有50%的大学入学名额，考上的当上等人，考不上的回炉烤成灰做化肥。假设拥有绝对公平的高考选拔制度，同时能用高科技手段保障每个高中生家境一样，家教水平一样，基础教育条件一样。孩子们

1　准确地说，是在大国中领先，并且这个数据近年来在不断下降。很多小国的女性劳动参与率也非常高。

拼死念书发愤图强。是不是这样，这个教育选拔制度就完美了？

你或许听说过每个省都有那么几所声名在外的超级中学，那里奉行素质教育，有顶级的教学经验，顶级的生源，它们的学生考试成绩是最好的，竞赛成绩是最好的，打篮球是最好的，打游戏也是最好的。学生大部分家境优渥，寒暑假出国游学，每周有课外活动，才思敏捷视野开阔。

与之相对的是军事化训练的应试高中。

军事化应试高中里的学生大多数不是神童人设，也没有顶级的资源配置，但他们有一整套切实有效的教育流程，有一张精准到"分钟"的作息时间表。

某应试高中作息时间表

6：00	起床
6：30	到班早读
06：30-07：25	早读
07：25-08：00	早饭，打水
08：05-08：50	上课一
09：00-09：45	上课二
09：45-10：00	眼保健操
10：00-10：45	上课三
10：55-11：40	上课四
11：40-13：40	午饭+打水+午休
13：40-13：45	到班上自习
14：10-14：30	自习

14：40-15：25	上课五
15：35-16：20	上课六
16：30-17：15	上课七
17：15-17：45	晚饭+打水
17：50-18：50	自习/上课
19：00-20：00	自习一
20：10-21：10	自习二
21：20-22：50	自习三
22：50-23：30	回寝室洗漱
23：30-00：30	睡觉

这张作息表，像一把锋利的刀，把长短高低各不同的孩子们切成一模一样的规格。在青春期最辛苦最无助、价值观构建最重要的时刻里，人的闲暇时间和机动时间被压榨殆尽，完全没有机会去认识这个世界，去发展个人兴趣爱好。

肯定不是每个人都适合这样的时间表。适合考试的人被做成三明治，不适合的人被边缘化被无视了。

东亚三国有着全世界最高的近视率，这不是培养人才必需的代价。那么多人，那么多发奋学习的"做功"，最后做的大多是"无用功"，效用更多花在"通过高考选拔"上，而非个人成长上。

这是学校的"锅"吗？当然不是。学校在力所能及的范围内，为学生谋前途，是职责所在。

这是高考的"锅"吗？更不是。高考在现阶段是最优解，相比美国人的申请大学，我们硬生生考的大学相对公平。

那问题在哪里呢？

我曾经问一位德国老师：为什么你们不像东亚那样拼死考大学？

他说："没必要啊，不同学校出来的大学生收入差距不是很大，大学和大学的差距也不是很大，一般就考本省的大学，一个省有一两所大学。"

基础教育那么辛苦，根子在于不同大学在获得的资源上差距太大，也就是重点大学和普通大学的差距太大。这个"差距"源于各高校所获得的资源差距，终结于高校毕业生未来的收入差距。

假设拨给高校的资金共八斗，"清北"各得一斗，"211"得四斗，其他高校平分两斗。自然是"清北"独占鳌头，"211"次之，其他高校又次之。高校之间阶梯差距拉得那么大，自然要拼尽力气多考一分是一分。如果全国高校数人头平分八斗，高校之间的差距就有机会慢慢缩小。当然这只是一个脑洞，高校资金拨款总共就这么多，要是真的平分，最后我们就建不成世界一流大学了。

效率和公平是一对无法调和的矛盾，高校之间的差距这么大，大家那么辛苦，恰是"集中力量办大事"的产物。

• 体育

论人的快消，更典型的例子是竞技体育。

不少运动需要运动员身体足够柔韧、轻巧、兼具力量控制。男性在发育前后力量体格差别不算太大，竞技状态可得以保持，但女性就有所谓的"发育关"了。这样的运动往往少女比成人女性更有优势，比如跳水和体操。为了竞赛公平以及儿童福利，现在跳水奥运会和世锦赛要求运动员必须大于14岁，体操比赛必须大于16周岁。伏明霞不满13岁获得世锦赛冠军、不满14岁获得奥运会冠军的辉煌战绩早已后无来者。

再以花样滑冰为例，这项运动本来不属于青少年优势项目，它需要很高的力量控制技巧。在2004年以前，打分规则采用6.0制度，分别给技术和艺术水平打分。姑且简单理解为类似给一篇作文打分，感觉是几分就给几分，比较主观。这种制度对节目的完整性、艺术性有较高的偏好。那时候跳跃主要是三周跳，有沉重而稳健的落冰。经典表演如法国坎德罗洛的《达达尼昂》、俄罗斯亚古丁的《铁面人》，简直是独幕剧，整个表演就是一个完整的故事，观赏性极强。

2004年盐湖城冬奥会以后，为了避免裁判舞弊，采用了新的打分机制。新制度弱化了裁判的主观性，对技术要求进行了强化和细化，把分数强调在每一个动作上。姑且简单理解为打一堆小分，再累加，相对客观。打分规则刺激了运动员有更强的动力去做高难度跳跃动作，即使动作失败，算分上也不会太吃亏。跟三周跳比，四周跳时代对速度和高度的要求更高了，体形要瘦体重要轻，就出现了羽生结弦这样疯狂加敏捷、柔韧、灵巧、优美的选手。羽生结弦和亚古丁，在花样滑冰上属于西方美学讨论了千年的两个概念：优美与崇高——这刚好是康德一本美学著作的标题。

羽生选手的体脂比为惊人的3%～4%，几乎是纯精肉。这个比例，要是女人，别说当运动员，大概都很难活下来。成年女性的体脂本来就比男性要高不少，花样滑冰的冰上控制对力量有极高的要求，而拉分的跳跃对体重又有极高的要求，又要轻又要大力，二者不可兼得，后果就是：女运动员的黄金时期在"无限接近发育但又未发育"的那个临界点，简言之——有肌肉没体重。这个时间点是如此之短暂，如昙花一现，很多俄罗斯花样滑冰女单的小花们，就这样炸开在一线间，然后迅速陨落。

这让人联想到17世纪意大利的阉伶歌手。唱诗班为了让歌手（那时唱诗班中只有男性）不受青春期变声的影响，在青春期到来之前施行生殖器阉割手术。运动也好，表演艺术也罢，如果表演的最佳状态仅限于青春期前的少儿，那么就很难说它是可持续的、健康的。

最典型的当属尤利娅·利普尼茨卡娅，人称"软卡"。她在发育前凭借超级快的旋转和超强柔韧性，16岁之前在冬奥会、世锦赛、欧锦赛、俄锦赛中都获得了极佳战绩，发育后体重增加，加之本来起跳风格就偏低空，一重就飞不起来，又因为减肥得了厌食症，直到19岁退役都没能恢复到足够好的状态。

俄罗斯这些年出了不少这样的小花，她们国内的竞争极其残酷，不少小运动员家境普通，凭着天赋和努力前仆后继，期待以此改变命运。俄锦赛不比世锦赛轻松。妙龄的小姑娘像韭菜一样，一茬一茬送上赛场，拿到好成绩，然后以迅雷不及掩耳之势地消失。2018年最耀眼的小花亚历山德拉·特鲁索娃，历史上第一位在国际赛事中完成两种四周跳的女运动员，一看年龄，果然，14岁。

2018年6月，花样滑冰又一轮新规则开始实施，新规则增加了节目内容分、降低了技术分、降低了跳跃难度和跳跃基础分值、扩大了技术执行分范围等。很明显是对过去规则的矫枉，不清楚这一改变是否会对小运动员们的现状有所改变。

竞技体育是另一种切牛排。它的残酷在于"源源不断的来料供应"和"有限的来料加工"之间的矛盾，牛肉多厨师少，那边边角就丢弃了。很多被划为"边角料"的肉，本来也是可以用不同的方法加工一下成为美味的。

亚运会举重冠军才力33岁在病痛和贫困中英年早逝，大运会体操冠军张尚武被迫街头卖艺为生，比起那些从未出过成绩的运动员，他们甚至不能算边角料，他们只是没那么精英的好料子，没有拿奥运冠军罢了。真正的边角料，我们甚至听不到他们的声音。

好在里约热内卢奥运会后，类似举国体制为国争光的声音渐渐低了下去。我们的国家在经济和其他领域已经足够令人骄傲，我们不再像过去那么迫切需要用金牌证明自己，新一代更有底气把奥运会当作一场体育盛会，去享受去欣赏。这意味着，我们对非市场化运动的奖牌需求降低了，这种变化如传递到体制内，体校和运动员都能松一口气。

• **职场**

看到过一个被火热讨论的问题：为什么"90后"不肯吃苦了？

我们可以先花点时间来定义一下什么叫吃苦。

经常有粉丝说某某明星很能吃苦。其实，如果你愿意给我一天几十上百万元的出场费，我是不介意辛苦一下的。我也不介意一天拍戏22小时，哪怕拍完累得直哭。我们成年人不讨论苦不苦，只讨论值不值。

我是"90前"，我想起自己刚入职的时候，的确挺不要命的，24小时待命，996（9点上班9点下班，一周6天）工作制，勤勤恳恳毫无生活和工作的边界。现在的我完全不理解当时的我为什么会那样。仔细想想，大概有以下几个原因：

1. 我绝对不想回老家，我想努力在大城市留下。
2. 我所在的行业发展迅速，我能看到薪水上涨的空间。
3. 在这样的上涨空间下，我能看到自己买房、换居民户口、安居乐业的美好/假想未来。

赶个驴子还需要胡萝卜呢，维系劳动积极性当然需要有大饼。

我们来看看，这几条在"90后"这边还存在吗：

1. 随着城市化进程的加快，不少人的家乡发展得不错。或者大城市越来越挤，不再相对宜居了。二三线城市和大城市的差别减小，年轻人缺乏在城市留下的动力。

2. 随着经济体量的上升和互联网风口的过期，职业爬升速度趋于常规化，不再有机会捡漏一步飞天的晋升通道。

3. 在上一条的前提下，再加上房价居高不下，大城市的定居显得更为遥不可及。

看，不肯吃苦是非常理性而智慧的选择。如果看不到一个值得期待的未来，还要榨干自己，那就是字面意义上的把青春献给大城市，把社保献给大城市。对大城市来说，留不下来的人就像一次性抹布一样，都是快消品，用完就扔，用旧即换。在这种情况下选择吃苦，显然是"五行犯二"。

历史课上说，封建制度后，欧洲资本主义作为先进生产力的代表解放了生产力。注意是"解放生产力"，不是"解放劳动者"，虽然劳动者就是生产力的来源。把劳动者从土地上剥离出来后，立刻把自由劳动力投入工厂。"自由"，意味着拒绝的权利，意味着人的自决自主。但当时的"自由"更像是指"游离"劳动力，游离态的劳动者，不附着在任何机构上，无依无靠。就像榨橙汁的时候，果肉越碎，出汁率越高，榨得越干净。现代社会比较文明，大部分行业不会像种植园那样把人榨死，基本榨到不值得榨就差不多了，可以再找更新鲜的应届生榨。

在自由经济中，资方很容易把劳方当作快消品。资方有钱，劳方人多，双方拉锯，最后便达成某种程度的妥协。在这方面，地少人多的日本和移民源源不断的美国比较有经验。

以美国为例，最后会形成对资方和劳方同时有极强话语权的大型工会。主要起到一个和稀泥和调和剂的作用：两边掐起来了，它们负责调停；两边相安无事了，他们负责挑事儿——这样才能显出存在感，才有人交工会费。随着自动化技术和人工智能技术的不断普及，美国社会对产业工人的需求越来越小，现在的美国工会已经远不如当年。

早年国内介绍美国的文章，总是少不了说"美国人独立自主，18岁以后自己打工养活自己"。随着中国人走出国门的越来越多，这种管窥蠡测式的国际观察再也骗不了我们了。美国的大学费用非常昂贵，即使是公立大学。18岁开始自生自灭的人，他们的家庭往往一开始就没打算让孩子上大学，敷衍完义务教育了事。这是快消劳动力的培养模式。

因为美国大学的录取模式相对不公平，除非中了基因彩票[1]，绝大多数人主要靠拼爹/妈。正经中产家庭比中国父母还焦虑，教育上非常舍得下血本，送孩子上辅导班、进付费夏令营、送运动队、培养特长、刷获奖经历，最后开着皮卡将孩子送进大学。皮卡上载着新买的沙发、电视机、四件套，老父亲吭哧吭哧把这些扛进孩子的大学寝室，老母亲忙前忙后布置。家长亲手刷了几万美元的学费，这笔钱必须是从孩子上幼儿园起存的教育基金。这才是耐用品劳动力的培养模式。

以日本为例，形成了终身雇员制。向劳动者提供终身保障，使之明确自己不是快消品，而是耐用品。这种思维和种植园蓄奴是一样的，黑奴也是终身制。结果大家都看到了，造成劳动力市场缺乏流动性，非应届生很难找工作，员工不敢辞职，反而更弱势了。这几年日本经济低迷，越来越多的公司选择使用价格便宜的人力派遣员工。人力派遣员工工资低、福利差、没有年金、非终身制。很多社会问题譬如性别平等、低欲望文化等都

---

1 这是一个戏谑的说法，指降临在普通人家的天才少年。他们不让爹妈操一点心，在最低教育投入下能凭借自身优异的学习能力进入名牌大学。这种基因被认为500万人里面才有1个，遇没遇到纯凭运气，跟中彩票似的。

可以在派遣制度上找到一些根源。

　　如何避免把劳动力当作快速消费品，是全球性的话题，涉及复杂的社会经济问题，不是三言两语能置喙出一个解决方案的。从个人角度说，大概只有多买医保，努力锻炼，控制工作时间，努力做到身心健康。毕竟老龄化社会即将到来，咱们得坚持奋斗，做一个耐用劳动力，做好"为祖国健康工作五十年"[1]的准备。

1　清华大学的口号，1964年1月由时任清华大学校长的蒋南翔提出。

第 5 章

跨界意识形态——八竿子打着异界对手

5.1 工业时代的昂贵信仰

在日本，绝大多数出租车的车门是自动开关的，不劳乘客亲自动手。但一家叫MK Taxi的出租车公司最大的特点是为乘客开关车门。[1]人工开关车门并不比自动门做得好，恰恰相反，因为要等司机下车绕过车头开门，还要多等好几秒。

我在日本见过一种无人冰淇淋店。人只要负责按键付款，自有机器人模样的机械臂进行一连串的操作，取蛋筒、装填冰淇淋、撒上浇头、装饰巧克力酱、送出。

出租车公司把明明可以机械提供的服务变成人工的，冰淇淋屋把人工工作变成机械的。后者十分好理解，机器比人工便宜又不会要求升职加

1　该细节来自纪录片《我住在这里的理由》第36集。

薪，这是主流操作；但前者就很让人费解了，为什么会认为人工开关车门是一项消费者福利呢？

- **贵族情怀**

前几年一位德高望重的老艺术家、老文人过世，也不管逝者和家属乐不乐意，公众号和自媒体特别喜欢给扣上一个标题："中国最后一个贵族——×××"。还出了一系列词儿：贵族精神、贵族气质、贵族教养、贵族学校……都是褒义词。这风气挺有意思。要真严格按照"世家贵族"的定义，中国最后一个贵族可能在五代的时候就没落了。

中国人很久没有推崇过贵族了。《红楼梦》里贾家那么家大业大，贾政还整日里逼着贾宝玉读书，就是因为官场不相信贵族。贾政的官是祖荫皇上赏的，不是自己考科举考出来的，没考过科举的官既被同僚看不起，也没啥政治前途。林黛玉他爹自己考的探花，才叫"清贵"。这才是真的"贵"。

中国历史最珍贵的东西，在我看来，不是器物的精美、文化的繁盛，而是"精神"和"制度"，是"王侯将相宁有种乎"的无畏精神，是"朝为田舍郎，暮登天子堂"的制度优越性。强有力的制度，不仅选拔了得力的管理者，还作为价值观的指挥棒引领千千万万人发愤图强，引领年轻人相信人的主观能动性，相信努力可以改变命运。

贵族，是利用封建社会不平等的财富分配机制，掠夺劳动者果实，享受超规格的教育和物质条件培养出来的精英。他们的文质彬彬、才华横溢、温文尔雅、坚强勇敢——假设他们确实文质彬彬、才华横溢、温文尔雅、坚强勇敢——建立在贫民教育不足、资源匮乏、劳作辛苦的基础上。每培育一个贵族，起码要有一万个"贱族"来供养他。与其吹捧"贵族"精神，不如把那些诸如勇敢坚毅、杂学博闻、温柔宽厚之类的品格从贵族字眼里抠出来，直接吹精神本身。否则显得好像普通人就不能勇敢坚毅似的。

这种把品格和出身绑定，就像把品格和性别绑定一样刻板。好比那些吹捧"男子汉精神""阳刚气质""硬汉品格"的，还不如敞开胸怀说亮话，直接吹顽强勇敢、敢作敢当、百折不挠、钢铁意志好了。

西方没有科举，封地父死子继，所以吹捧贵族也情有可原。多少人为了一个贵族头衔一掷千金抢破头，多少人又为了在全名里加一个"von"[1]机关算尽。然而滚滚莱茵河北逝水，浪花淘尽英雄。欧洲经历几轮革命，贵族头衔作废了不少，即便还有留着的，也早已今非昔比。即便如此，还是有一小撮洋人对此津津乐道，拖拖拉拉了几百年至今还没消亡。

英国首相见皇室还要屈曲盘旋着膝盖行大礼；日本皇室成员全套法式晨礼服昭告改元——皆因他们革命不彻底的缘故。当代中国人，若有一点儿对贵族的仰慕之心，多半也是西洋传过来的糟粕，中国早没了这个传统。

- **葡萄酒的新世界和旧世界**

格鲁吉亚有遗址显示，该地区在公元前6000年前就开始酿造葡萄酒，之后酿酒技术传往欧洲，形成了欧洲博大精深的葡萄酒文化。随着大航海时代的开疆辟土，葡萄种子和酿酒技术被传往遍布世界的各个殖民地。其中美国和澳大利亚由于其独特的气候特点，特别适合葡萄种植，形成了相当大规模的葡萄酒制造产业。

人们把美国、澳大利亚、阿根廷、中国等近现代葡萄酒技术输入国生产的葡萄酒称为"新世界葡萄酒"；相对应地，法国、意大利、德国、西班牙等欧洲传统酿酒国家生产的葡萄酒称为"旧世界葡萄酒"。

1　德语中的贵族头衔。原本是个介词，表示从某处来。von组合在名字中，本意为某地的某人，比如歌德全名为Johann Wolfgang von Goethe，茜茜公主全名为Elisabeth von Österreich-Ungarn。1919年德国和奥地利废除君主制后，德国的von就变成姓氏的一部分，即便是贵族也不再有贵族待遇；而奥地利则直接禁止使用von。

旧世界葡萄酒和新世界葡萄酒的产地[1]

旧世界葡萄酒产地	新世界葡萄酒产地
意大利	美国
法国	中国
西班牙	阿根廷
德国	智利
葡萄牙	澳大利亚
罗马尼亚	南非
希腊	巴西

葡萄酒的新世界和旧世界有着泾渭分明的酿造作风。

传统方法   **科学方法**

   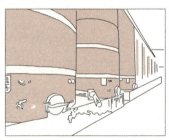

不同的酿造方法

旧世界葡萄酒往往是家族酒坊式人工酿造，强调"经验传承、手工酿造、原厂地保护、年份"，能提供千变万化的口感。注意这里的"变"是中性词，可以变好，也可以变坏。

新世界葡萄酒往往是大规模工业化，强调"标准化、机械化、量产、品控"，能提供稳定的品质，这个"稳定"倒是有点儿褒义。量产货口感不能太差，而且随着工艺水平的提高，会越来越好。

1　信息来自葡萄酒信息网站 Wine Folly。

这是手工业和工业的差别。在品控上，手工业依赖人，工业依赖机器。手工酿酒技术门槛高，酿酒师傅不好找；机械酿酒门槛低，产业工人好找。这些最终反映到产量的差别：手工业的产量很难提升，人手不够或是技术不到家品控就会出问题；而工业的产量很容易提高，销量好就扩大生产，多买点儿地多种点儿葡萄。

如果你是一个葡萄酒经销商，你和新世界的工业酒庄庄主说："我买多一点，你给打个折？"人家乐颠颠地给你打折。但如果你和欧洲酒庄的手工酒庄庄主说："我买多一点。"人家立马就提价。买一车比买一箱的价格要贵。为什么？一年总共就那么多，你都买了，其他客户怎么办？产能不足提价格，标准操作。

葡萄酒界一度有个迷思——新世界的酒口感不行。

或者说：机器做的酒没有灵魂。

如果你看过红酒评测，就会发现那种文字和香水评测很像，一半是味道，一半是玄学；一半是技术，一半是信仰。玄学和信仰这种东西非常影响新世界葡萄酒的发展。

但葡萄酒行业有个讨人喜欢的地方——有"盲品"的传统，大家不看标签，先喝再说。纯粹以口味对决的较量，非常公平。相比而言，日本寿司界就缺乏这种有理有据令人信服的手段。日本人一直迷信男人做的寿司比女人做的好吃，说是因为男人的手温比女人低半度——希望谁开个盲品会验证一下，如果能证明，我就不再说这是性别歧视。

1873年的维也纳世博会，法国评审团在盲饮时夸了一些葡萄酒，酒款揭晓时才发现夸奖的葡萄酒来自维多利亚——一个澳大利亚葡萄酒产区。备受震惊的评审团迅速提出抗议并撤回了评价，他们的理由是，这样好的品质不可能来自澳大利亚，必定是以法国酒假冒的。

　　这只是新世界葡萄酒以品质闻名的小小开端。1878年巴黎世博会，澳大利亚葡萄酒得到了极好的评价。1882年波尔多国际酒展，一款澳大利亚酒获得了一等酒金奖。1889年，巴黎世博会又一款澳大利亚酒获得金奖。[1]

　　1976年的巴黎品酒会是新世界葡萄酒的一个里程碑。会上，一款来自美国蒙特莱那酒庄的霞多丽，在盲品中力压法国勃艮第的众多竞争对手，被世界级的评酒师团评为第一。从此新世界葡萄酒奠定其江湖地位。

　　"（1976年）巴黎品酒会摧毁了法国至高无上的神话，标志着葡萄酒民主时代的开启，是葡萄酒史上的一个分水岭。"

——国际知名评酒师Robert Parker

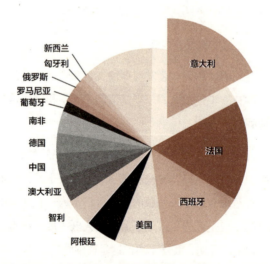

2018年世界主要葡萄酒生产国的产量。数据来自OIV，即国际葡萄与葡萄酒组织。左上方的新西兰和左下方的中国、澳大利亚、智利、阿根廷、美国都是新世界葡萄酒国家，占到了世界总产量的1/4多

1　引自 *A short history of wine*，2000，Phillips Roderick。

在这场工业和手工业你死我活的较量中，葡萄酒只是区区一角。很多产品都有类似的较量。

手表行业：旧世界的瑞士机械表 VS 新世界的日本石英表。

服装行业：旧世界的手工蕾丝 VS 新世界的机织蕾丝。

餐饮行业：旧世界只此一家别无分店的私房菜 VS 麦当劳、肯德基等连锁餐厅。

……

因为工业化的产品成本低廉，产品的受众阶层是在往下走的。曾经用不起机械表的工人，现在能戴上石英表；曾经只有贵族能用得起的蕾丝，现在淘宝随手可以买一身；曾经只有上流社会的人才能吃到的洋料理，现在可以约等于街头食物；本该喝不起葡萄酒的我，现在能一箱箱地往家里搬。

这些竞争者不是来自做得更好的人，而是来自做得又多又便宜的人，主要是便宜。至于质量，有时候变差一点，但没有差到不能接受的程度；有时候还变好了。

从"手表"的角度，石英表比机械表走得准；从口感的角度，新世界葡萄酒真不能说比旧世界的差；机织蕾丝可以做到结实又漂亮；如果不是中国菜，对我来说私房菜的口味差异非常大，不好说比麦当劳好吃还是难吃。

大家都知道卖得便宜是优势，便宜货价格低，谁跟钱有仇呢？

这让工业品活了下来。

但大家也知道卖得贵是格调，贵货格调高，谁不想当"上等人"？

这让手工业品也活了下来。

瑞士表作为饰品，一般认为比日本表有面儿；葡萄酒，作为期货或保值资产，多半是旧世界的酒庄出的；缂丝织品，作为工艺品，比印花布有欣赏价值。因为功能的改变，这些手工艺品不再成为工业品的竞品，一个小小的生态位错位，它们活了下来。

尤其葡萄酒是活得最好的。在口味多样性上，酒庄有着不可比拟的优势。中国的黄酒到现在，工业酒在口感上还不能跟大师傅人工酿的比，没有实现新世界的突破，高档酒领域还保留着一部分的手工业。

但有些手工艺完全没有优势的产业，直接消失了。比如汽车虽然是工业品，但在福特之前，那就是手工业打造，在福特造了汽车流水线之后，汽车才成为大规模平价产品。中国第一辆能开的红旗轿车的引擎盖儿，就是经验丰富的老师傅们一锤一锤敲出来的，非常了不起。现在应该找不到会敲引擎盖儿的师傅了，因为汽车手工业已经没有了。

日本经济不行以后，开始大力宣扬"匠人精神"。这是一种内卷化的心态。不计成本力求最好的工匠精神是手工业者追求的价值观，工业追求的价值观应该是稳定的品控和低廉的价格。第一代iPod的金属外壳就是日本工匠一个一个手磨的，品质卓越。但为什么iPhone不接着手工磨制了呢？手工作业产能有限，无法和工业品在规模上进行竞争。

匠人精神，是指人经过艰苦训练，以精湛的技艺，做成了机器做不到的事情。不是机器做得比人做得又便宜又好，还非要坚持人工制作。工业时代，我们需要新的"匠人精神"——千方百计一点一点不遗余力地优化自动化流水线。比如这几年的国产美食纪录片，还在推崇祖传技艺，纯手工制造，不是说这样不好，而是有点看腻了，偶尔也想看看咱们的食品工业，怎么做袋装饼干，怎么做冰淇淋。想想机制汤圆水饺、酸奶饼干，中国现代化食品工业和13亿人的生活息息相关，这是多么了不起的成就，也可以用一部《舌尖上的中国》去展示它们。

然而旧世界的傲慢依旧存在，新世界的葡萄酒依旧"被不行"，缺乏那种"老板，开一瓶82年的拉菲！"的气魄。

工业赢了市场，手工业赢了鄙视链。

· 人工贵族

财富和地位对文化的向心力是滞后的。

到今天法语还是除英语之外最受欢迎的第二语言，到今天日本人还觉得"能看懂汉字很了不起"。大清亡了一百多年了，还是有人热衷于做各种"宫廷点心"。布尔什维克的红旗插上克里姆林宫，也不妨碍沙俄旧贵族在欧洲受到优待。自然，工业革命过去了两百多年也不妨碍不少人以受封一个名义上的爵位为荣。

人人想做上等人，old money（传统的贵族）依旧荣光。他们的审美决定了今天的主流时装模特长什么风格——苍白、平胸、细腰、锁骨鲜明、面部轮廓清晰。他们的礼仪规范决定了什么叫作教养。

比如不同场合穿不同的衣服，礼服、小礼服、商务正装、休闲商务装、休闲装分得清清楚楚，穿错是要被嘲笑的。细想这挺矫情，衣服难道不应该优先考虑舒适和便利，而不是什么服装风格？上海大妈穿着居家服去买菜，这才是人本主义典范吧！之前还有人批评过这种居家服、棉拖鞋外穿的风气，说不文明。文明是什么？谁来规定什么是文明？

贵族最让大众羡慕的东西不是优渥的物质条件，而是特权，以及由特权带来的优越感。

我知道一个欧洲女性名流，婚后改了丈夫的姓，姓里面带个von，这在德语姓氏中出现时，可以用来表示家族和古代封地之间的从属关系，意味着其姓氏有贵族渊源。这两个人婚后性格不合，恶言相向大打出手，终于离婚了，女士一说起丈夫没有一个好词儿。但是，她现在都三婚了，姓里的von怎么也不愿意拿掉。一没有封地，二不减税，这个von存在的全部意义就是优越感。

在中国，没有贵族但有贵人。这一套叫"制式"，皇帝穿什么颜色的衣服，多大的官可以穿什么款的衣服，住宅几进，结婚礼服上可以绣什么花样……都被严格限制，不得僭越。"我贵你贱，我和你们不一样"——这是特权阶层表达的东西。

特权的字面意思就是"我有，你没有"的权力，强调"区隔"，也就是划一个属于自己人的小圈子，设置非常高的准入门槛，确保圈子里的人数维持在一个较低的水平，也确保圈子里的人维持一个比较一致的形象。

在现代社会，这个圈子表面上用"消费水平"来定义。

开玛莎拉蒂的和开兰博基尼的会凑一起搞个车友会，拎爱马仕的和拎LV的更容易成为闺蜜，家里两套房的和家里两套房的相亲。很多人买奢侈品单纯因为"好用""不差钱"，根本没想过充大佬，但不论你因为什么购买，客观上它们都会起到一个"身份识别"的作用。这是奢侈品自带的功能。

之前李玟代言Chanel被抵制，赵丽颖代言迪奥也出现过不和谐的声音，就是因为传统贵妇们觉得自己砸了不少钱圈出来的隔离区被打破了，苦心孤诣营造的"上等人"的形象被冲击了。在这种情况下，想要维系原有的形象只有两条路可以走：1. 重建圈子，寻找其他"身份识别"消费品，这要花很多钱或力气；2. 把闯入圈子的人赶出去，净化圈子形象。

贵妇们选择了后者。但也有人选择前者：他们不惜工本也要打造一个新的"身份识别物"出来。

"贵族"圈里面财富代代相传的old money属于鄙视链的上游，他们有钱的时间比较久，对于圈子的隔离和身份的扮演有着相当丰富的经验，相对而言，刚赚到钱不久的new money在这方面还缺乏经验，经常向前辈们学习。曾有知名自媒体嘲讽中国人在巴黎扫货奢侈品，说"外国人"不在乎牌子只在乎体验云云——发达国家人民只是装得比较隐蔽你看不出来罢了，美国才是世界上第一大奢侈品消费国。在商品社会里，不是人给商品贴标签，就是商品给人贴标签，只要不吃你家大米，买什么各人随各人的心罢了，难不成买手办的、买书的、买包的，还谁比谁高贵了不成？

5.2 可口可乐的异界对手

西方经济学研究了几百年，费尽几十代聪明绝顶的脑瓜儿，到今天可以说是集人类智慧之大成了。然而聚集了最多聪明脑瓜儿的华尔街，还是让经济危机一次又一次地发生。

是经济学有问题，还是人类有问题？

哪怕只上过最基础的微观经济学课，或是只看过随便哪一本西方传统框架下的《经济学原理》，都会发现传统经济学动不动就有个大前提——假设人的行为是理性且自利的，即假设模型中的人足够聪明，有足够的计算力和判断力，且始终追求个人利益的最大化。

这个假设有利于我们建模和计算，但并不符合现实。

有个叫丹尼尔·卡尼曼的以色列学者以此为切入点，研究了一辈子的非理性经济决策，拿了2012年的诺贝尔经济学奖。有意思的是，他甚至不是一个经济学家，而是一个心理学家。

卡尼曼一直试图复活边沁的效用观念，即快乐与痛苦的享用体验统治我们的生活，告诉我们应当做什么以及决定我们实际上做什么[1]。

——刘仲华

用人民大学社会学教授潘绥铭的话说："我们老是假设人是理性的，都是被经济学害的。在中国，至少有一半的人不是经济人也不是理性人。"[2]

· **消费领域的优越感**

快乐的体验统治了我们相当一部分的消费决策。曾经的食品广告都不厌其烦地向受众强调，产品是多么美味。食物之美味，是快乐的来源。根据人类进化了几万年的DNA忠实记载，人类热爱高热量的食物，高糖高脂的食物对这种刚刚站立起来的草原两脚兽有着异乎寻常的吸引力。在人类最原始的记忆里，在漫长的几万年里，热量意味着生存，意味着健康。可人类生产力发展的速度远远大于基因的进化速度，就在最近的短短一百年间，食物的高热量突然成为一个缺点。

我在《如何成为一个有趣的人》一书中提出"审美是一种特权"，并花费一整章详述了人类历史上对"美人"的评判标准如何随着生产力的发展而变化。特权阶层拥有美的定义权，平民阶层趋之若鹜。特权阶层为了保持其优越感，不得不利用其财力和特权与平民做刻意的区隔。平民吃不饱饭，他们就说胖是美的；平民日晒雨淋，他们就说白是美的。等平民也能靠垃圾食品养胖了，他们就说肌肉线条才是美的；等平民也整日在室内上班不下地干农活了，他们说度假晒成棕色才是美的——一场持续了上千年的猫鼠游戏，你追我逃。

如5.1节所说，外表的"美"也是一个上等人的"身份识别物"，本质

1　引自《2002年诺贝尔经济学奖获奖者》，国际金融时报，2002年10月11日，刘仲华。
2　引自《潘绥铭，揭秘"红灯区"》，南方人物周刊，第378期。

上它是一种虚拟奢侈品，是特权者人工区隔的一个异度空间。

在商品消费领域，这一切依旧成立。他们不但定义美，还能定义什么是"格调"。

极简设计在今日或许是有格调的，但在过去不是。

古腾堡印刷世界上第一本活字印刷版《圣经》的时候，书页的上下左右四边留白。放今天你可能觉得"这不是正常操作吗？"在当时可不是。四面留白是为了方便让买家后期请人在四边手绘彩色的花纹。书的四边要画满彩色花纹才是像样的，因为手工绘制是极其昂贵的。

古腾堡手绘装饰《圣经》页面，馆藏于柏林国立图书馆

印染的花布是美的，要不就是绣花、缂丝、拼布、蜡染等。在很长一段时间内，素色衣服登不了大雅之堂，未染色的本色布更是不吉。过去日本新娘的婚礼和服是纯白色的，称"白无垢"，即便如此，也非要在上面密密麻麻绣满花纹，以示低调和朴素的区别。纹饰和色彩都是人工费，都是钱，一定要把钱挂在身上，让别人看出我有钱。

曾经，华丽装饰的书页是格调，重工珠绣的华服是格调。等有一天书平价了，机械印花、绣花工艺普及了，平民也能轻松拥有这些了，上流不能再以此炫耀身份和财富了，这些就不再是格调了——曾经在贵妇人和贵老爷们的领子上、袖子上、衬衫上无处不在的层层叠叠的手工蕾丝，就是在蕾丝提花织机普及后渐渐退出常服的。现在200块一尺的蕾丝布料已经能相当精致了，堆满全身也无法提供足够的优越感。

在电解铝技术发明之前，拿破仑三世还拿铝制餐具招待贵客，并把铝条作为贵重金属和国王王冠摆在万国博览会上展览。[1]无他，老子有你没有，要的就是这个优越感。

苹果实体店为什么这么有设计感，看着特别高级？每一家苹果门店都有大玻璃，看到那玻璃有多大了吗？这么大面积的整块玻璃，以当代的技术，也是相当昂贵的，制造和运输都很不易，这就是高级感的来源。不信你换成14世纪威尼斯烧的小块儿玻璃拼贴，那就显不出高级了。等哪天我们的大玻璃比保鲜膜还便宜了，家家户户都用得起，随处可见大玻璃，这种高级感也一定会消失。

破洞牛仔裤的洞，必须是刻意磨出来的。这种时尚品味，也只有在物质相对充裕的时代有，在穿破衣服还要打补丁的年代，以破洞为装饰很难想象。

综上，消费领域的优越感来自何处？

区分度，只有我有，你没有，我就比你优越。

区分度来自何处？

1. 价格区分。

1　详见 *Transition Point: From Steam to the Singularity*，2018，Sean A. Culey。

我买得起，你买不起。金钱，是世界上绝大多数消费品的区隔方式。

2. 稀缺性。

我弄得到，你弄不到。权力，是比金钱更高的区隔方式。

大概率上，什么值钱，什么就高级；什么东西难搞到，什么东西就有格调。

所以奢侈品包包不但要做手工包，还要做手工定制，还有限量版鳄鱼皮，顶级的包包就是要给人顶级的优越感。

由此，消费快感不再源于生理构筑的感官快乐，而是源于社会心理构筑的优越感快乐。

所以才说葡萄酒盲品这个传统很了不起，"盲品"的过程，就要求人尽可能排除优越感，把快乐回归于味觉本身。

• 新中产的优越感

人的本能相当强悍。我的经验是"永远不要抵抗本能"。要顺应它，利用它，宜疏不宜堵。躺着不动就是舒服，多油多糖就是美味，千古不变，这是感官快乐，这是人性。

人性就是人人都如此的性情，普世性情，通识性情，也就意味着它没有区隔度，你无法通过宣扬自己有人性来获得优越感。倒是可以通过宣扬自己没人性来获得优越感，毕竟没几个人做得到反本能。

我住在美国，以美国一小撮中产阶层为例。

美国的中产阶层很像老北京的富裕阶层，"天棚鱼缸石榴树，先生肥狗胖丫头"。美版就是"house小院儿大皮卡，全职太太几个娃"，这些是美国中产的"身份识别物"。这些看上去很美的东西在美国很容易达到——如果你吃穿中等、不介意孩子去普通学区、也不在意孩子念不念大学的话。

中产阶层在日常消费中好像啥也不缺。日常消费品品牌的集中度高、物价低廉，想追到的都能追到。大家穿差不多的衣服，喝差不多的牛奶，开差不多的皮卡，连屋前草坪种的花都是差不多的品种。但美国中产阶层太庞大了，人一多就没有了优越感。这种心态很微妙，好比有些冷门民谣歌手一旦走红，粉丝反而会有失落感。如此，想要优越感的人便会倾向于有新的追求。

一般是去追求更"上流"的身份识别，名牌衣物还好说，但豪宅游艇，持有成本非常高，这辈子也指望不上。更何况，中产阶层若想在贵族的标准里装贵族，无论如何都装不过他们。最好的办法是自己成立自己的"身份识别"。

举个例子，如果有外国人嘲笑中国人眼睛小，反击方式不应该试图去证明"中国人眼睛不小"，而应该证明"审美标准不在于眼睛的大小，而在于是否有神"。这就是建立自己的标准，以打破别人对我们的评价合理性。

同理，针对曾被白人主导的强调简洁、秩序、和谐、内敛的时尚审美，黑人更强调大胸、大屁股、大金链子。在前者的标准中，我优雅你粗俗。一个黑人，想要在白人制定的标准中打败白人是很困难的，所以他们新建了一套自己的标准：我真诚你虚伪；我接地气你矫揉造作；我直叙胸臆，你装腔作势；我充满了生命的活力，你爱装你就接着装。

同理，中产阶层不可能在贵族的标准里打败贵族，不如建立起一套新的、自己的价值观。这方面做得最早也是最狠的那一代人活生生建立了新的宗教。[1]然而中产阶层也在一代一代变化，旧的不去新的不来，一代有一

---

1 详见《新教伦理与资本主义精神》，马克斯·韦伯。

代的新标准，这里主要谈一谈当代、也就是最新一代中产阶层推崇的东西
——新中产阶层的生活方式。

他们往往标榜以下生活方式。

1. 日常健身

往往保持相当低的体脂比，对身材有较高的要求。男性要有腹肌，
衬衫绷住肱二头肌，女性要腰细能举铁，紧身裤看得清臀大肌。

2. 健康饮食

多吃蔬菜甚至素食主义。美国人在这方面非常极端，不是吃素，就
是几乎不吃素，没有一个中间态。由于美国人对蔬菜的料理手法比
较有限，吃素几乎等于啃草。此外，还相当推崇有机食品，或是吃
他们眼中的"健康"食物。

有必要强调一点，吃素不代表健康。Ins上有一个素食主义健身网
红，曾被粉丝看到在吃鱼，一时间人设崩塌。她的解释是，自己因
为吃素和运动导致营养不良并停经了，医生要求她吃肉类补充蛋白
质，她这是在"治疗"。我觉得有病治病没问题，但一边生病停经
一边还向年轻的女粉丝卖99美元的素食食谱网课，这就是又蠢又
坏了。

3. 热衷环保

抗议碳排放和海洋污染，虽然一般还是会坚持开皮卡、用烘干机，
推崇节约用水，但即使住在加州这种缺水的地方，他家草坪必须是
需要大量水浇灌的真草坪，而不是更环保的人工草皮——后者显然
不够"体面"。

4. 信仰多元

这和上一条有关联。推崇返璞归真，信仰替代疗法。乔布斯虽然不
属于中产阶层，但的确是按这个思路死的。他所患的胰腺神经内分

泌肿瘤算是胰腺癌中预后比较好的一种，5年存活率能达到65%，但他当时信奉针刺、草药、断食疗法，治疗作用微乎其微。

5. **反工业化**

这和上两条都有关。推崇手工制品，我已经看到外国人宣传自制可水洗重复使用的棉布卫生巾了，想来可手洗的厕纸手帕也是指日可待吧。几年前国内兴起的各种手工皂、自制唇膏、自制葡萄酒的风气也是这么被带起来的。我曾被赠送某贵妇面霜，上面写着"纯手工萃取××海藻精华""纯手工灌装"，让人十分迷惑：机器萃取得又快又纯，灌装得又稳，好端端的为啥要手工操作？手工操作又有何益处？不过没几年，祖国人民意识到手工制品的卫生安全非常不可控，这股风头迅速瘪了下去。

6. **高度自控的生活方式**

规律作息，节制饮酒，戒烟。

这样的生活方式，推崇绿色健康，反对享乐无节制，它需要的不仅仅是钱，更是自控力。用自控力去对抗本能的感官快乐，把热衷当沙发土豆、吃高热食物的人隔离在圈外。

自控力来自何处？

相关因素有很多，但在中产阶层内部，差别主要体现于闲暇时间，而非个人意志力。这可能和人的直觉不太一样。有些人下班后去考证、充电、健身，有些人下班后瘫在沙发上打游戏，这难道不是勤快与懒惰的差别吗？

举个例子。我有过很多减肥失败的教训。其中最重要的一条，就是不要在工作压力很大的时候减肥。减肥的困难之处不在于运动的辛苦，而在于运动前做心理建设的辛苦。我上了一天满负荷的班，还要加班，回到家脑子已经废了，只想躺平，吃点垃圾食品，看点傻乎乎的猫猫狗狗视频。

我还有过一次成功的减肥经验。我辞职后，在8月的天气里绕着整个中南半岛六个国家"浪"了两个月，上天入海地玩儿，往各种博物馆和古迹里窜，大量步行，天气热又吃不了太多东西，就这样非常快乐地瘦了30斤，好看得可以去做模特。

同样是步行，在公司健身房的怪味儿里走跑步机，相比在海边山上徒步，要付出的自控力是完全不一样的。

我看到过一个人分享他的经历，说他接待美国飞过来的工程师，人一下飞机就开始干活儿，不带倒时差的，特别敬业。有一年开始，突然就说要先休息一天再开工。为啥人变懒了——因为人家公司生意不好，把能躺平的头等舱换成了缩手缩脚的经济舱。头等舱的飞行时间，是闲暇时间，可以积累血条，下飞机满血复活；经济舱的飞行时间，是工作时间，还是特别累的那种工作，一路掉血，下飞机血槽全空。

天下难得的是富贵，又难得的是闲散，这两样再不能兼。

——《红楼梦》第三十七回

时间红利的年代，也是争夺时间的年代，反而成为闲暇时间匮乏的年代。在消费区分度不高的中产阶层内部，能做区隔的，不再是钱，而是闲暇时间。但你闲不闲跟你有钱没钱不太一样，不能通过戴大金链子大金牙来外显，那怎么让人知道我是中产阶层中的有闲人呢？

通过如上所说的几条新中产阶层标榜的生活方式，虽然几乎每一条都在给生活添堵。

我之前提到的中国美食博主在YouTube上的爆红也是借了这股风。种类繁多又赏心悦目的原生态食物，对外国人，主要工业大国的外国人特别有吸引力。根据评论区留言观察，美国、西欧的用户特别喜欢看那种原教旨农耕生活方式，引山泉水晾冻柿子，毛驴磨豆浆，徒手薅羊毛。普通美国人一辈子都没机会见到一只头爪俱全的鸡，这辈子都吃不到现杀的鸡，现摘的菜，我们看着是农家乐，人家看的是"天堂般的高级生活"。

像我这种从发展中国家出来的，就喜欢看得克萨斯大型农机，远眺地平线，四面大平原，柴油拖拉机，十里不掉头，铁轨运玉米，液压开谷仓，塑料膜打包棉花卷，流水线上下蛋鸡……想想就激动！人果然缺啥补啥。

历史潮流滚滚而下，美国大规模商用了玉米糖浆、开采了页岩油，在食物和能源富足之余，找到了新的低调的炫耀方式。无数商业品牌在趁着风口作妖。

妖中之王莫过于硅谷最著名的骗子之一——Juicero。这家力打天然牌、健康牌的公司专卖高科技榨汁机，号称可提供强达4吨的压力把水果冷压成果汁，现榨现吃才最有营养。但是你不能自己放水果进去，只能用它们公司配送的水果材料包。水果包5~8美元/包，榨汁机700美元/台。这家公司获得了1.2亿美元的风投以后，被一个好奇心旺盛的用户发现：根本就没有什么榨汁机，水果材料包里已经是榨好的果汁……如果你愿意，完全可以剪开材料包，用手把果汁挤出来，比用榨汁机挤还快一点儿。

Juicero榨汁机，硅谷史上最著名的骗子产品之一。出品公司已倒闭

不过，也有一个美国国民品牌成为受害者。

- **可口可乐的理念之战**

美国是世界第一的碳酸饮料大国。

以其中的老牌子——百年老店可口可乐为例。

以下是可口可乐百年广告宣传语的变迁。从中我们知道，可口可乐产品功能的表达相当明确且稳定，就是"让你爽"。各种happy、taste、enjoy……强调感官快乐。如果看各个时期的视频广告，在画面中这种感觉会更强烈。

可口可乐美国130年广告语（部分）	
	（以下汉语为作者自译，仅供参考）
1886 – Drink Coca-Cola and enjoy it.	请喝可乐，享受可乐！
1905 – Coca-Cola revives and sustains.	可口可乐，唤醒活力，持久畅快！
1924 – Refresh yourself.	唤醒你自己！
1938 – Thirst asks nothing more.	口渴无须其他，只要可口可乐！
1945 – Coke means Coca-Cola.	可乐就是指可口可乐！
1957 – The sign of good taste.	美味的象征！
1958 – The cold, crisp taste of Coke.	可乐，清爽冰凉！
1959 – Coca-Cola refreshes you best.	可口可乐，唤醒最棒的你！
1963 – Things go better with Coke.	明天会更好！（背景：肯尼迪遇刺）
1969 – It's the real thing.	这真的发生了！（背景：美国成功登月）
1979 – Have a Coke and a smile.	喝一杯可乐，笑一笑！
1990 – Can't Beat the Real Thing.	挡不住的感觉！
1993 – Always Coca-Cola.	永远是可口可乐！
1999 – Enjoy.	享受吧！
2001 – Life tastes good.	生活的味道还不错！
2003 – Real.	真实！
2005 – Make It Real.	让它成真！
2006 – The Coke Side of Life	生活中的可乐一面！

续表

可口可乐美国130年广告语（部分）	
2009~2015 – Open Happiness.	畅爽开怀！
2016 – Taste the Feeling.	品味这种感觉！

　　这样的策略在过去百年里都是营销学教科书案例、商学院范本。说个冷知识，我们现在所认知的红衣服白胡子的圣诞老人，是可口可乐公司在1931年推广时人工制造的概念，圣诞老人衣服的红色，正是可口可乐的广告色。

1931年可口可乐美国的一张广告海报。西方一直存在着对圣诞老人形象的想象，但当代常见的红衣、白胡子、憨态可掬版的圣诞老人，源于可口可乐美国的广告设计，即上图。图片来自可口可乐官网

　　然而，以可口可乐为代表的"快乐肥宅水（中国消费者对可口可乐的戏称，无贬义）"躺着赚钱赚了一百多年，突然发现有一天自己莫名其妙站在了"上等人"的对立面，站在这股妖风邪气，不，这波儿历史大潮的对立面。可口可乐这才发现自己的竞争对手从来不是百事可乐，不是苏打水，不是任何碳酸饮料，甚至不是果汁、牛奶，而是新中产阶层推崇的有机、绿色、素食主义、生酮、无糖的生活方式，是蔬菜胡萝卜汁，是破壁机，是凉白开，是私人教练健身房，是素食主义和自然替代疗法。

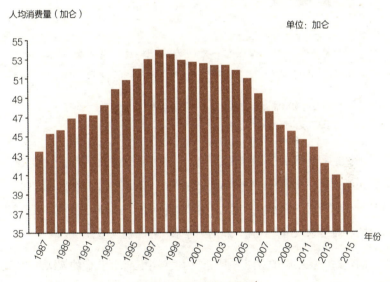

美国每年人均软饮料消费量[1]

　　软饮料往往是指碳酸甜味饮料，无酒精或低于5%酒精含量。由上图可知，1998年之后，美国软饮料一直在走下坡路。这就是行情，这就是天命，不服不行。

1　图片和数据引自Business insider，由于2015年以后的数据需要付费2998美元向Beverage marketing corporation购买，此处暂不做数据更新。根据新闻媒体的零星报道，2016—2018年人均软饮料消耗量依旧在下降。

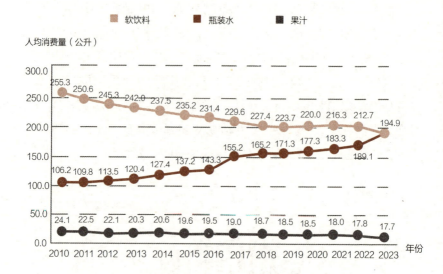

美国人均饮料消费量。从上至下，分别为软饮料、瓶装水、果汁。
2019年及以后数据为预估[1]

　　稍微解释一下：美国自来水虽然号称可以直饮，但口感和水质并不好，由于水管老化，在一些地方财政紧张的地区，饮水安全也出过问题。首都华盛顿特区的饮水口感远远不如我国内老家的自来水生水。很多美国人会购买瓶装水饮用，40瓶一箱的纯净水一箱箱往家里搬。

　　顺便贴一张中国的对照数据。作为发展中国家，我们的软饮料市场还在减速扩张。

1　数据和图片引自统计数据门户Statista，字段为"Non-Alcoholic Drinks"，地区为美国。

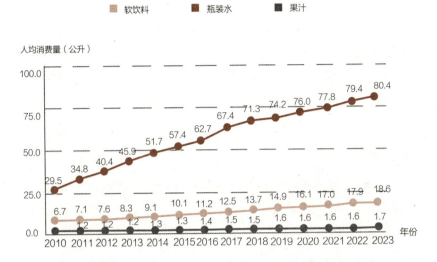

中国人均饮料消费量。从上至下，分别为瓶装水、软饮料、果汁。
2019年及以后数据为预估[1]

其实现在很多饮料中都添加甜味剂而非蔗糖或玉米糖浆，热量接近零。而冰柜里卖的100%果蔬汁比如苹果汁、胡萝卜汁等，看似健康，其实细看配料表中的碳水化合物一项，会发现其中含糖量相当高，不亚于一罐全糖可乐。吃水果一次吃不下太多，一般吃一个苹果就饱了，热量很有限；而苹果汁甜丝丝的，喝几个苹果的量也没什么感觉，热量很容易就超标了。软饮料未必不健康，百分百果蔬汁也未必健康——要是这世间的道理能这样轻松说清楚就好了，可口可乐公司或许也这么想。

时代如此，软饮料大势已去。可口可乐主要的应对策略有以下两条：

1. 推行无糖或减糖可乐

1982年，推出银色包装的无糖可乐品牌——健怡可乐（Diet Coke）。

---

1 数据和图片引自统计数据门户Statista，字段为"Non-Alcoholic Drinks"，地区为中国。

甜味剂最初为糖精。

2005年，推出黑色包装的零度可乐（Coca-Cola Zero）。甜味剂为阿斯巴甜和安赛蜜。

2007年，推出健怡可乐Plus（Diet Coke Plus）。在健怡可乐中添加维生素和绿茶。

2013年，推出绿色包装的生命可乐（Coca-Cola Life）。甜味剂为甜菊素和蔗糖。

2018年，推出透明可乐（Coca-Cola Clear）。甜味剂为蔗糖素和安赛蜜。

2. 收购或推出非碳酸饮料品牌

1960年，收购美汁源。

1975年，可口可乐日本推出咖啡饮料品牌Georgia。

1988年，推出运动饮料品牌Powerade。

1994年，推出果汁饮料品牌Fruitopia。

1996年，可口可乐墨西哥创立饮用水品牌Ciel。

1999年，推出瓶装水品牌Dasani。

2001年，推出果汁饮料品牌Simply Orange。

2006年，推出冰茶品牌Gold Peak。

2007年，收购维生素水、调味水、能量饮料制造商Glaceau。

2009年，逐步收购椰子水品牌ZICO。

2009年，逐步投资冰沙和果汁品牌Innocent Drinks。

2012年，合作推出乳制品品牌Fairlife。

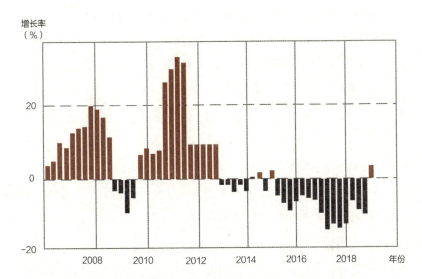

可口可乐十年来季度利润同比增长率。在连续六年的阶段性低迷后，2019年一季度迎来了久违的增长。可口可乐首席执行官表示，这将鼓励它们继续推进"全品类饮料战略"

综上，跨界竞争的应对措施是跨界对抗，兵来将挡，水来土掩，所幸可口可乐这样的大公司现金充裕，收购起来也是大手笔，周转腾挪的空间比较充分。即使主打的碳酸甜味饮料短期内没有更好的行情，收购的健康品牌如椰子水等已取得了瞩目的效果，不失为一种有效的策略。

5.3　腋毛审美：性感还是不雅

商业社会，我们先制造商品，不断地追求更低的价格和更好的产品，以求顾客信任"这值得购买"。商品竞争激烈到一定程度后，我们开始制造观念，让顾客信仰"这值得购买"。前者贩卖商品，后者贩卖价值观。最高级的宣传，是观念的植入，像电影《盗梦空间》那样，润物细无声地植入观念。

2007年李安拍了一部在当时看来是相当大胆的电影——《色戒》。依稀记得大陆版少了半个小时的画面。当时网络还不算发达，我正在高雄，被朋友们一遍一遍反复打听那半个小时里到底演了什么。我对别的印象不深，难以忘怀的是女主角王佳芝的——腋毛。

当时很多人如我一般惊讶，汤唯的腋毛成为观众注目的焦点。在《色戒》记者会上，李安解释："那个年代的人不刮呀，我不懂为什么要学西方人，我觉得腋毛很性感，我很乐意把它秀出来。"演员汤唯则表示她根据导演要求整整留了8个月，才得到了如此"显著"的腋毛。说这句话时的汤唯穿着无袖礼服，已经腋下光光。

如今我们几乎无法在电视杂志画面上看到年轻女人的腋毛。一到夏天，穿吊带背心的女生，总先急急地处理掉腋毛，我们有一百种方法处理腋毛：化学方法的脱毛液、物理方法的脱毛蜡、医疗手段的光子脱毛，以及传统手艺的鸭毛钳子一根根拔毛，土洋结合，各显神通。然后我们留着那个位置光溜溜地上街，仿佛我们生下来就没有腋毛，那里天然就不该长任何东西。

腋毛做错了什么？女性从什么时候开始对腋毛深恶痛绝，或者说什么时候开始女性"被"厌恶腋毛？

- **人为制造的腋毛厌恶**

对腋毛的厌恶，最初源于女性。

媒体制造了摩登女郎这一形象，并且把它出售给女人。[1]

——Kirsten Hansen

---

[1] 引自 *Hair or Bare?: The History of American Women and Hair Removal*, 1914–1934, Senior Thesis in American Studies, Barnard College, 2004.04, Kirsten Hansen。

一战之前，女性几乎没有体毛的脱毛需求，最多就是处理一下面部较重的汗毛，让自己更女性化一点——作为胡子拉碴男性的对立面。亚裔女性的脱毛需求出现得更晚，到二十世纪七八十年代，年轻女性在大庭广众露出腋毛仍不被视为尴尬，中国香港影星王祖贤和日本影星山口百惠都有过腋毛明显的宣传照。

当代人类第一次在广告中公开针对女性的腋毛攻击，源于这张刊印于*Harper's Bazar* 1915年5月刊的广告图。这款名为X Bazin的脱毛粉用objectionable（令人不快的、讨厌的）形容女性体毛。模特在广告中高举手臂，亮出光滑高光的腋窝。

*Harper's Bazar*杂志广告页，被认为是可考的最早的女性腋毛脱毛广告

在之后的广告中，这家公司持续使用了unwelcome（不受欢迎的）、embarrassing（令人尴尬的），以及unsightly（难看的）来强调对腋毛的

厌恶，并用modest（端庄的）、dainty（优雅的）、perfectly groomed（打扮完美的）来形容除毛后的女性。

同时，另一些脱毛用品公司则把除毛后女性标记为attractive（有吸引力的）、womanly（具有女性魅力的），sanitary（整洁的）、clean（干净的），以及exquisite（精致的）——话说"精致"这个词儿这几年在中国女性商品广告和软文中被用得铺天盖地，一提到精致女性应该怎么怎么样，我几乎形成膝跳反射：哦，又有人想通过制造特定的女性形象来骗钱了！

在那个历史性的腋窝广告出现两个月后，男士剃须刀界一言九鼎且欣欣向荣的吉列剃须刀，以迅雷不及掩耳之势出了第一款女用剃须刀。

关于男士剃须风气的流行，其实也是一件值得小书一笔的事。

关于剃须这件小事

中外男性都曾以胡须长而密为美，所谓"鬓鬓颇有须"，胡须茂盛=男子气概。一战中毒气战术被大量使用，长胡须会让防毒面罩的密封性受影响，军人不得不剃掉胡子，或仅在唇上留一小撮儿"卫生胡"，像希特勒的标志性小胡子和抗日剧中日本人的"仁丹胡"那样。如此一来，男人剃须=上过战场=保家卫国=男子气概。再加以剃须刀广告商孜孜不倦地宣传，这种审美也被保留了下来。也可以说，没有一战，就没有吉列剃须刀今日的辉煌。

如果说男士剃须刀产业的兴起是一战鲸落的受益者，那么女用剃须刀市场就没有这么幸运了。吉列必须亲自出动去制造这个需求。作为第一个做女用刀片的品牌，它们甚至不敢用"剃"（shaving）这个概念，只敢用

"使平滑（smoothing）"这个概念，因为前者对当时的女人而言太爷们儿了。吉利联合十几家美容护理公司，发起了一场声势浩大的smoothing丑陋腋毛的广告战。以*Harper's Bazar*这本精英女性杂志为例，吉列遇到了极好的助攻——

首先，当时时装界中女装的袖子正在慢慢变短，乃至消除，无袖衫和吊带背心开始流行，蕾丝网纱布料因为新型纺织机器的发明、改进被大规模生产制造。脱毛粉品牌X Bazin在软文中大力宣传："时尚的晚礼服必须是无袖的，或是网纱蕾丝等轻薄布料制成的透明袖子……时尚的女人，她的腋下必须平滑如脸面。"如果你觉得袖子变短和腋毛脱毛之间的关联性还不够强的话，我还可以再举个例了——裙子变短和腿毛脱毛也是同步进行的。

其次，随着印刷技术的改进、铁路运输的发展、邮政效率的提升，杂志报纸业飞速发展。彩色印刷渐渐进入大众传媒领域。在此基础上，出现了具有较大影响力的女性杂志，广告业也随之发展。消费观念得以更快速地被植入。

源自北美的这个人造观念在二战后传播到西欧，在冷战结束后传播到东欧和独联体。尽管始终不乏反对腋毛羞辱的女权主义者，但在主流大众文化中，"腋毛可鄙"的观念深入人心。在《行尸走肉》《饥饿游戏》《迷失》《人猿星球》等影视作品中——如果我愿意，我可以用一本书的篇幅把名单挂完——无论女主角面临何等困境险情，无论她们身陷囹圄还是荒岛求生，头可断，命可丢，腋毛绝对不可不刮干净。《神奇女侠》还因为腋窝打高光打到发白引发舆论嘲讽。

腋毛何辜，遭此荼毒？

人体需要减小摩擦、导流透气、需要防护的位置都会长毛，比如鼻毛、腋毛。本人脱毛后，大热天长跑，腋下皮肤粘连，汗液无法导流，十分影响挥臂，悔不当初。腋毛并非"不整洁"，没有腋毛才"不整洁"。

我现在甚至需要克服一点儿心理障碍，才能在本章如此密集地打出"腋毛"字样。人的观念一旦被"污染"，很难用理性自我恢复。想想这个观念是资本主义发达国家这么多厂家、这么多年专业洗脑的结果，凭个人一己之力着实难以抵抗。

· 制造商品，先制造观念

史上最成功的商业观念植入大概是钻戒。结婚一定要有婚戒，婚戒一定要有钻石。戴比尔斯公司的经典广告语"钻石恒久远，一颗永流传"，听着就吉利。对绝大多数人而言，能买得起的钻戒没啥保值空间，有保值空间的买了也不敢戴。不过消费从来没道理可讲，钻石是信仰，不是信服，千金难买我高兴，那就值得。

东亚地区不乏成功的商业观念植入，比如日本的白色情人节。这个白色源于什么白？不是白雪，也不是牛奶，不是白色巧克力，也不是纯洁无瑕的少女之心，而是鸡蛋蛋白。源于日本福冈市博多区（就是博多拉面的那个博多）一家叫"石村万盛堂"的制造商，主营蛋黄拉面。做拉面剩下的蛋白不好处理，创始人石村善太郎用来做了一种叫"鹤乃子"的棉花糖点心，白白的非常可爱。1958年，森永制果公司以钻石、翡翠等珠宝奖励，刺激女性消费情人节巧克力。1977年，石村万盛堂第三代传人石村僖悟受此启发，为了促销自己的白色点心，以"情人节后的回礼"为由，搞了个"糖果赠送日"的噱头，后来就成了白色情人节。

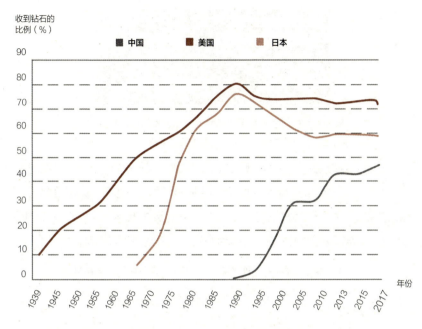

中美日三国新娘收到钻石的比例。[1]从上到下三条折线分别为美国、日本、中国

　　在中国，最成功的人造节日毫无疑问是光棍节"双11"。这个由淘宝2009年大力推广的购物节日在不到十年的时间里，获得了巨大的影响力，销售额远高于美国传统购物节日"黑色星期五"。如今的"双11"，已经以 Singles' Day 的名头走向世界。

　　既然植入的是概念，那么潜在的竞争对手也在于概念。

　　钻石产业的竞争对手不是黄金和翡翠，而是"可以不结婚"的观念。

1　图片引自*The diamond insight report 2018*，由钻石勘探、开采、零售、贸易一条龙公司戴比尔斯发布。考虑到利益相关，可信度可以略做斟酌。

欧洲最大的电子产品零售商MediaMarktSaturn Retail
Group在德国市场为"双11"打的广告海报

最近几年全球范围内的结婚率下降，对钻石行业来说是一个潜在的危
险。此外，随着"从一而终"的爱情观的改变，越来越多的人不再强求婚
姻白头偕老——合则婚，不合则去，一别两宽各生欢喜。这样，钻石坚固
耐久、纯粹无瑕的物理性质再嫁接到婚姻上，就有些不合时宜。

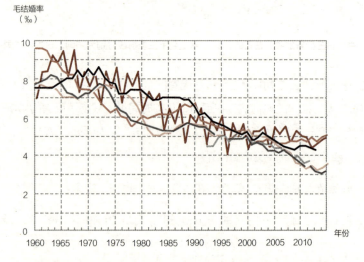

欧洲6国1960-2015年的毛结婚率[1]，趋势线末端由上至下分别为希腊、
德国、英国、法国、西班牙、意大利

1　数据检索自Google public data，原数据引自欧盟统计局（Eurostat）。

对于钻石行业最大的消费国之一——中国，这个数据虽然还不是特别低，但走势也在下降，行业前途不乐观。

结婚率（‰）

中国2001–2018 年结婚率[1]

面对新价值观的冲击，可口可乐选择发展新的商品，维持其在饮料市场的份额；钻石行业一样选择卖新的商品，虽然还是以钻石原石为原材料，但它们不卖婚戒了。面对不结婚、晚婚的新一代女性消费者，它们首先从消费观念入手破局。

"奖励你自己"——周大福的钻石吊坠包装盒上印着这句广告语，这家公司在中国有很大的影响力。面对全球对钻石需求下降的影响，世界各地的钻石公司打算在营销上重整旗鼓，以吸引不断增长的独立女性消费群。蒂芙尼、戴比尔斯和钻石生产商协会在全球范围内将其营销预算增加

1　2001-2017年的数据引自民政部1987-2017年《社会服务发展统计公报》，2018年的数据引自新华网新闻中转引的"国家统计局和民政部"数据。

50%，目的是推销钻石作为女性表达自我的一种方式，而不是将其与传统营销路线中的婚姻观念联系起来。高管们表示，在中国这个增长最快的市场中，这是一个特别值得关注的焦点。

——路透社《珠宝公司在营销战中争夺中国独立女性市场》[1]

Jily Ji在她 24岁的时候获赠人生第一枚钻戒——一颗 2.5克拉的单粒钻石。在之后的三年里，这位来自上海的行政助理攒了 15件钻石单品，包括一枚钻戒，数件耳环和项链，均由她自己购买。"我们不必被动等待男性送钻石，钻石首饰是我们表达自我的一种自然方式，它比大部分时尚单品都更值得投资，因为它不仅会增值，还可以代代相传。"尚未结婚的 Jily Ji 如是说。

——彭博社《对中国千禧一代而言，钻石恒久远，而非婚姻》[2]

如果你喜欢钻石，当然是买多少都不嫌多，如果你喜欢投资，那选择余地真是太多了，可以等这几年高纯度人造钻石的价格降一降再考虑。

再透露一个利好：2018年戴比尔斯公司拼命游说美国联邦贸易委员会（FTC），希望它们能保持"只有天然钻石才能叫钻石"的定义。7月25日，联邦贸易委员会认真听了它们的建议，并残忍拒绝了它们。贸易委员会认为，从化学分子式角度认定合成钻石也属于钻石，还规定，"不可在商业行销中，以'合成'一词制造对手的合成钻石不是真钻石的印象……这是误导"。一家名为Ada Diamonds的人造钻石公司的CEO 得知后，第一时间幸灾乐祸地亲自撰文发布这个利好。不过明智的戴比尔斯公司已经在

1　译自 *Jewelry companies vie for China's independent women in marketing blitz*, Reuters, 2018.02.14, Donny Kwok, Farah Master 5 MIN READ。

2　译自 *Diamonds, Not Marriage, Are Forever for China's Millennials*, Bloomberg, 2016.12.18。

同年5月注册了一个全新的人工钻石珠宝品牌，真是两手抓两手都要硬。

当然人造钻石也需要价值观背书，总不能说"人造的便宜，你来买人造钻石吧"，这相当于打客户的脸骂他们穷。销售商的说法是：开采钻石非常耗水耗电不环保，为了保护地球，来买我们的绿色环保漂亮的人造钻石吧！一下子就让客户觉得自己的形象高大了许多。

看，商品经济不错过任何价值观的角落。环保主义可以落入消费主义，女权主义也可以落入消费主义。

回来说白色情人节。白色情人节的竞争对手还是反消费主义。日本的情人节巧克力不限于女性送给情人的"本命巧克力"，女性还需要向同事、领导、老师、朋友等人赠送"义理巧克力"。别人都送，就你不送，显得你很不可爱。送这个同事，不送那个同事，显得"你到底是看不起谁？"到头来像军备竞赛一样，不得不一个个都送，非常麻烦。

有人表示这个风气太可笑了，成立了反情人节组织，号召大家"打倒恋爱资本主义"。不过买的没有卖的精，如钻石一样，商家又打出"爱自己巧克力"并列在"本命巧克力"和"义理巧克力"之间，鼓励女生好好犒劳自己：总之，只要巧克力卖得出去，怎么说都可以。

再回过头来看欣欣向荣的腋毛脱毛产业。卖拔毛器的说剃毛刀不干净，卖剃毛刀的说脱毛膏伤皮肤，卖脱毛膏的说光子脱毛太贵，光子脱毛说蜜蜡脱毛太疼，蜜蜡脱毛说我比拔毛器还是好多了。大家吵吵嚷嚷终究还是一根绳子上的蚂蚱。

它们的竞争对手不在彼此之间，而在女权主义。女人什么时候意识到自己的腋毛属于自己身体的一部分，就像头发一样不需要剃光以讨好商业审美，它们就什么时候一起完蛋。

　　不过还有另一种思路，也可以要平权不要人权嘛，我们把男人的腋窝也搞秃不就可以了？这几年游泳和体操男选手的剃毛之风日渐隆盛。日本体操名将内村航平尽管五度拿下世锦赛个人全能，每次舆论风头都会被他当众亮相的浓密腋毛盖过，真是"不信抬头看，苍天绕过谁"。

　　还有第三种思路。二十世纪七八十年代女权主义者流行给腋毛染色，五颜六色的也算是一种抗议的态度。如果能好好做一做腋毛美容，做成头发那样丰富多变的色彩和造型，或许赚的会比脱毛多一点。

第 6 章

最后的边界——人工智能?

2019年,美国科技在线媒体The Verge揭露,亚马逊开发了一套AI系统用于仓库包装工人的监工。和人工考评相比,这套AI系统不仅严格监控员工从货架上挑选和包装物品的速度,严格规定时间和目标,还可以监控到员工的位置和步速,监控他们上厕所喝水等"不在线时间(Time off task)"。工作效率没有达标的员工直接被AI解雇,而无须参考上级主管意见。[1]

The Verge最近得到的部分文件显示,有300名员工因此被解雇。由此可推算出,整个亚马逊每年有数千人因此被解雇。

越来越多的AI取代人的岗位。和工业革命初期机器取代人力不同的是,机器只是劳动工具,而AI是管理工具,AI还没有彻底被人管理,就开始学会管理人了。

---

1 引自*How Amazon automatically tracks and fires warehouse workers for "productivity"*,The Verge,2019.04.25,Colin Lecher。

6.1　最远的边界，是人的边界

讨论人与AI的关系，要从人与人的关系开始。

中国是一个发展中国家，生产力底子薄，几十年来我们的关注点一直在"如何把蛋糕做大"上，蛋糕大了自然人均能吃到的份额就增加了。放眼全球，经济这样快速增长的机会非常罕见。一些国家早就过了蛋糕快速做大的阶段，一些国家从来没有过做大的阶段。当蛋糕无法更大时，"做大蛋糕"的问题变成"分配蛋糕"的问题。

几乎所有国际热点，诸如非法移民、女权运动、种族平等、环境保护、动物保护，归根结底，都是社会资源的分配与再分配的问题。

- **性别的边界**

2016年，《每日邮报》报道：澳大利亚一名4岁的男孩被认定是跨性别者，并在他上幼儿园之前已经开始准备性别转化（transition）。[1]

2017年，*Teen Vogue*杂志做了一个视频报道：美国得克萨斯州一名7岁的男孩莎普利被认为是跨性别者，他的母亲支持他做女孩。

不清楚澳大利亚怎样，以我在美国的居住经验可以断定，在幼儿阶段，美国的性别平等做得相当糟糕。在美国商场、超市的幼儿服装柜台，20米开外就一眼能看出哪里是女装，哪里是男装。男装冷色调、运动系，女装蓬蓬裙、闪亮的粉色、配饰繁多却不利于保暖和活动。用我朋友的话说："美国人觉得小女孩不需要跑也不需要跳，是一个只需要打扮得美美的吉祥物。"

1　详见*Child aged FOUR becomes the youngest in Australia to do a gender swap*，Daily mail Australia，2016.08.31，Lucy Mae Beers。

欧美还十分流行给女婴戴头戴式头花。我问："孩子头发还没长,为什么要戴花儿?"答:"就是因为头发还没长齐,看不出男女,所以要戴花以示性别。"这不算陋习,但这种习俗体现出一种普遍的认识:两性必须不一样,即便这么小的孩子看上去一样,我们也要让他们不一样。

可是,男女婴儿为什么要被认为"不一样"呢?男女幼儿呢?对于没有性别特征的婴幼儿,在学习和认识这个世界的时候,除了对自己身体的认知,他们应该有什么不同呢?

澳大利亚还曾报道过一个12岁做变性手术的男孩,他的母亲在充分表达了她的开明价值观后说:"他从小就和别的男孩不一样。他喜欢玩洋娃娃,而不是小汽车。"我简直要被这个妈妈气疯,男孩子怎么就不能玩洋娃娃了?

至于7岁的莎普利,只是一个普通得不能再普通的小男孩。可他一直强调自己是个女孩。为什么呢?因为他喜欢穿红色的裙子、玩粉色的娃娃屋。

就在两百年前,欧洲人还把粉色指定为男孩专用色,女孩则是蓝色。他们认为粉色更有血性,蓝色更文静,符合当时人民对男孩女孩性格的不同预期。直到二十世纪早期,美国的童装生产商才渐渐改变了这种潮流。前几年成人衬衫中,粉色又被划为男性衬衫常用色。这说明颜色和性别没有关系,颜色只是代表了人们对性别属性的预期。同样是红色,你可以说它刚健,也可以说它娇媚,你可以说它热情,也可以说它隐秘。红色本身是无辜的。

莎普利就是一个喜欢鲜艳色彩的孩子。美国的女童装比男童装鲜艳很多,女孩玩具被没完没了地弄成粉色,他就是喜欢这些而已。如果市场上的玩具、童装性别差别没有很大,甚至干脆不分男女,小莎普利就不会觉得自己有问题。如果妈妈告诉他"男孩也可以玩女孩玩具，穿女孩衣服"，他就不会觉得自己是女孩。

他和妈妈有一段对话视频，在国际媒体上流传甚广。在一段不到4分钟的对话中，他妈妈提到不止10次"transgender（跨性别者）"。7岁是如何形成"我是女生"的概念的？他知道"女生"是什么，"男生"是什么吗？留长头发、穿红裙子、玩娃娃就是女生吗？他妈妈应该好好反省自己是怎么灌输给孩子刻板印象，导致孩子对刻板印象对号入座的。

在他人生短暂的7年中，妈妈一边自我感动得热泪盈眶，以小莎普利的守护神自居；一边不断暗示女孩子才喜欢粉红色、强调他的跨性别者身份——退一万步，他顶多是个异装癖，当一个女装大佬也比变性成本低啊！

我不明白美国人为什么要对童装和玩具强烈地区分男女。对于性别特征都没有的孩子，这种区分有意义吗？我们为什么要鼓励男孩女孩认识性别差异呢？或者说，性别差异到底是什么呢？

一是性器官；二是性别特征；三是其他生理差异，比如肌肉比例差异。

除此之外都是刻板印象。没有科学理论证明女性更仔细，女性更适合做家务，男性更勇敢，男性更适合理工科等，这些都是后天"被塑造"的性别。所以在理论上，只有想要改变上面三条差异的人才需要变性，其中又只有非想要异性性器官不可的人，才需要进行生殖器外观改造手术。

即便是婴儿玩具上两性真的有各自偏差，也不需要我们成人去告诉孩子"你应该喜欢什么"。

某种意义上，那些不是非要想异性性器官却去做变性手术的人，是刻板印象的受害者。他们只是想要穿鲜艳衣裙和高跟鞋，想要化妆，想要卷发，想要拥有温柔、体贴等被认为是"女性气质"的东西在自己身上不突兀。从这个角度说,变性不仅仅是反抗,也是妥协,向社会既定的性别印象妥协。

本质上,这种从小开始的性别认知分化,是一种软性性别隔离。性别隔离是不是性别歧视,可以有一百种狡辩。但种族隔离就是种族歧视,倒是被铁板钉钉的事实。

与此同时,在成人的职场世界,性别隔阂正在不断缩小。

2019年5月8日,在国际隧道和地下空间协会(ITA)2019世界隧道大会上,中国中铁科研院隧道专家严金秀当选为新一届主席。中外都曾有关于女性进入矿井、施工中的隧道、在建船只等会带来厄运的迷信。这个女性不占主导的传统行业,何以迎来一个女性主席呢?

ITA Int Tunnelling A @ItaAward · May 8
Jinxiu (Jenny) Yan has just been elected President of ITA-AITES at the 45th General Assembly held in Naples during WTC2019.
Congratulations Jinxiu (Jenny) Yan!

国际隧道和地下空间协会(ITA)在推特上宣布严金秀当选为新一届主席

两性在职场上的性别差异很多,其原因是多方面的,文化原因、历史惯性、受教育程度、刻板偏见等都有,我们都可以尽力去改变。其中不能改变的一点,在于体力,准确一点说,在于体力中的爆发力,比如搬砖、扛沙袋、抡大锤等,由于睾酮素的天然差异,女性的爆发力输出普遍不如男性。随着机械化作业的比例不断增加,女性的弱势领域不断减少。码头扛沙袋,男性有优势;但码头运集装箱,就不一定了。

这个也可以用来解释为什么美军中女兵比例这么高(据CNN新闻报道为16%)——因为美军军备机械化程度相对较高,对体力需求相对较少。这也能解释为什么美军是男女混编作战、男女实行同一套体能标准——因为机械不分男女,炮弹机枪也只有一个分量。

男人和女人的边界日渐模糊，这不是坏事儿。很多时候本来就不需要边界。

• 种族边界

我们知道美国这样的老牌资本主义国家，有着相对稳定的阶级构成，普罗大众很少有机会能产生诸如"我奋斗了18年才能和你坐到一起喝咖啡"的矫情抱怨。18年能在同一个社区打个照面就已经是人生奇遇了，"喝咖啡"什么的真是想太多了。除了极少数篮球明星、饶舌歌手、下凡神仙，绝大多数我们知道的所谓"白手起家"的美国名人都有着家庭或家族成就在背后支撑其不断上升的命运。

简单来说，就是"龙生龙，凤生凤，老鼠的儿子会打洞"。在美国，你爹是中产阶层，你基本上就是中产阶层，不太容易上下滑动，你爹是底层人士，你无论多么努力，这辈子也基本就这样了——因为"努力"这种东西，并不是纯主观驱动的意志力，更多的时候，努力是一种被培养的习惯，是一种对明确目标的进取心。对于没有机会被培养或是没有机会知道啥是人生目标的人，"努力"真是太困难了。

中国的"80后""90后"很幸运，赶上生机勃勃、欣欣向荣的时代，很多人对此习以为常了，便会以为世界本该是这个样子，一直是这个样子，并且永远是这个样子。比如工资会涨上去，生意会多起来，努力奋斗会有大好前程——这就叫时代气象。这是经济腾飞期的人才会有的错觉，多交几个日本韩国的同龄朋友，看看泡沫经济破裂后长大的一代人，就会发现生活完全可以是另一种样子。

有一部知名纪录片叫《人生七年》，目前有英国、俄罗斯、日本、美国、南非、荷兰、德国等各个版本，给人一个非常广阔的时间维度去看待大时代与渺小个人之间的关系。

我们会发现，在绝大多数时间和空间里，人的财产、学识、社会地位代代相传相对稳定。美国很多黑人的祖辈是奴隶，祖祖辈辈不是被农场主剥削就是被资本家剥削，历史的伤害通过社会资源的代际传递送达到今天，表现为黑人在受教育程度、收入、高级工作岗位上的全面落后。

当代平权运动的底层逻辑之一："欠我的你要还回来"，要求政策性倾斜作为补偿。

比如，美国要求公立大学录取时平衡种族比例，允许黑人以较低的硬件分被录取。中国传统的教育公平往往指"择优录取"，但细想"择优录取"本身其实是效率优先，而非公平优先的。

美国黑人这种资源被剥夺的现象，是宏观意义上的。微观上每个人的情况不同。随着平权运动的不断发展，黑人不断要求更广泛更公平的利益分配。蛋糕只有那么大，我比之前要的更多，别人就少了。逻辑上，黑人要的蛋糕很难跟其他族裔要，只能向白人——蛋糕的主要拥有者要。

像所有人一样，白人内部也分上中下层。分出去的蛋糕只能是中下阶层的白人的。

种族平等当然是正确的，我不能说白人中下层是平权运动的受害者，我只能说同样作为既得利益者，获得既得利益更少的中下层白人因为运动，获得的利益更少了。所以白人上等阶层可以正大光明地为平权政策摇旗呐喊，站在道德制高点慷他人之慨，而作为既得利益受损者的中下层白人，则保持缄默，成为"沉默的螺旋"。这就是为什么几次民调都显示希拉里会获胜，最终却是特朗普上台。这是锈带[1]白人和东西海岸白人的意见分裂。

1　锈带，即Rust Belt，指1980年后，由于去工业化或工业部门萎缩而导致经济衰退、人口减少的城市，主要集中于美国中西部和五大湖地区。

- **阶层边界**

随着文字、影像等信息传递不断加速，人类沟通和合作的不断增加，边界在不断地被打破、被融合，也在不断地被重建、被强化。

上文讲"跨界"，跨越人的边界、性别的边界、种族的边界。跨界的过程是一个人群融合的过程，是一个利益再分配的过程。

性别边界的模糊：这不是说要"男不男女不女"，而是男女本来就没有那么刻板的差别，诚如波伏娃所说，"女人不是天生的，而是被塑造成的"，同理，男人也是。性别平等的趋势是让性别回到本来的状态、"被塑造"前的状态。如此，很多跨界的新市场就浮现了，比如男性美容护肤是新近的增长点。

种族边界的模糊：趋势是越来越多的非白人加入白人强势的领域。之前的芭蕾舞鞋袜都是浅色的。黑人芭蕾舞演员不得不想方设法把自己的舞鞋涂黑，使之与肤色相称，这已经成为他们的传统。2017年，厂商第一次提供棕色的芭蕾舞鞋出售。

前面两个边界在融合，但最核心的一个，却在越来越扩张：阶级的边界。

根据巴黎经济学院世界不平等实验室发布的《世界不平等报告2018》[1]，"在过去的几十年中，收入差距在世界各个地区几乎都呈扩大趋势，但扩大幅度各有不同"。

---

[1] 引自 *World Inequality Report 2018*，World Inequality lab，2018。

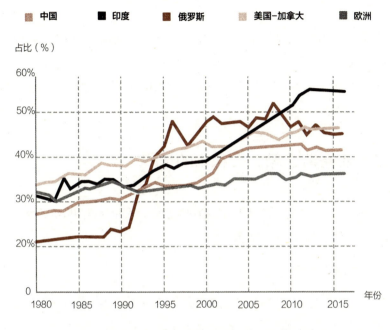

■ 中国　　■ 印度　　■ 俄罗斯　　■ 美国-加拿大　　■ 欧洲

世界部分地区收入前10%的人的收入占国民总收入的比例

如上所说，在美国的种族平等手段中，常常将中下层白人的利益输送给中上层黑人，白人下层和黑人下层都是被剥夺者。比如升学和就业要均衡各族裔的比例。为什么不按照家庭年收入来均衡各阶层的比例呢？族裔血统在人的成长过程中，起到的作用比家庭收入更大吗？显然，这是在利用种族矛盾矫饰阶级矛盾。

在中国，有时候性别矛盾也会掩盖阶层差异造成的矛盾。在一些遇人不淑的婚姻案例中，如果男性婚前贫穷，意见领袖们常常喊出"女同胞们不要嫁给穷草根/凤凰男"的结论，喊得相当大声；如果男性婚前富裕，却从未见人说"女同胞们不要嫁给富二代"。可见这种对贫困男性的污名化，本质上是贫富间的对立，而非性别间的对立。这是在利用性别矛盾矫饰阶级矛盾。

阶级边界虽然极为明确，但人人都有一颗向上之心，刚赚到钱的新贵们总是憋不住"向上挤"，于是跨界的生意就要"向下做"。教月入一万元的人怎么活得像月入三万元，教白手起家的富人怎么把孩子送进"藤校"，不愁没有学生。

6.2　忒修斯之船，人和物的边界

随着日常生活对科技设备的依赖逐渐加强，人和外界的区隔，令人常常有物理上的"自我"边界模糊之感。

· 忒修斯之船

如果一个人做了心脏移植手术，他的心脏被换成别人的。我们会觉得这个人醒来后还是他自己，没有变成另外一个人。如果这人移植的是脑子，而不是心脏，我们就会觉得这个人已经不是他自己了，而是另一个人——那个脑子的主人。把爱因斯坦的心脏移植给我，我还是我，但把爱因斯坦的大脑移植给我，我就变成爱因斯坦了。由此可知，我们用"大脑"来判断一个人的"主机/host"寄宿在何处。这个主机也可以称作"灵魂"。唯物主义者请理解为host，唯心主义者请理解为soul，公平起见，下文统一用ghost。[1]

现在我们再把大脑中的东西拆分，分成记忆、智商、认识论、价值观等。现在先把记忆移植，那这个人还是他自己吗？一般来说是的，相当于

---

[1] 此处借用经典漫画《攻壳机动队》的英译名"Ghost in the shell"，ghost指人唯一可识别的精神凝聚物，一个无神论下的灵魂。顺便恳请看过好莱坞《攻壳机动队》的朋友不要把它和漫画原作、动漫电影原作、动漫剧集原作混为一谈。

失忆了嘛，失忆的人还是那个人。

如果我们再把A、B两个人调换记忆，其他都不变，A还是A，B还是B吗？现在有点儿疑惑了：应该不会吧？把爱因斯坦的全部记忆移植给我，我应该还不能变成爱因斯坦。记忆只有信息量，记住整个物理史，也不代表我能发明相对论。

现在我们把两个人的智商也调换一下，现在能说A是B，B是A了吗？如果还不行，把认识论也换了，再不行，把价值观也换了，一点点换下去，总会换到两个人完全交换的时候。那么问题就来了——在哪一个时刻，你觉得这两个人的ghost已经换过来了？在哪一个时刻，你觉得我成为爱因斯坦本人了？

我们可以把两个人脑理解为两台电脑。先是交换资料包，然后换主板、内存，交换软件、交换操作系统，直到交换完全部。作为一个苹果用户，我觉得当我的iOS系统被换的时候，这台电脑的灵魂就已经被换走了。可是当我在公司电脑的Windows系统上装上输入法和浏览器，登录网站、收藏夹和打字习惯都在，我又觉得"它"好熟悉，它又回来了。人脑的操作系统又是什么呢？人脑的收藏夹和输出习惯又是什么呢？

古希腊人就讨论过这个问题。哲学上该意象被称为"忒修斯之船"。

忒修斯之船

在古希腊传说中，雅典人忒修斯请缨去克里特岛杀一个会吃人的怪物。成功杀掉怪物归来后，他所乘坐的船被雅典人留下来作为纪念。随着时间的流逝，船只上的木材逐渐腐朽，每坏掉一块木头，雅典人便更换新的木头来替代。最后，船上的每根木头都被换过了。

哲学家们就发出了疑问："这艘船还是原本的那艘忒修斯之船吗？如果是，但它已经没有最初的任何一根木头了；如果不是，那它是从什么时候不是的呢？"

如果把人比作船。那么大脑中的哪一部分是"我"真正的所在呢？

• 人和物的边界

如果我们把人类文明划分为精神文明和物质文明，所有精神文明都需要物质接口进行输入输出（因为人是物质做的肉身嘛），比如泥板、龟甲、纸张、照相机、摄影机、电脑、手机……

曾经的人类以昂贵的物质接口将精神文明圈养起来，使之成为贵族或是祭祀阶层的特权。古埃及人在纸莎草上写下数学题，高价贩卖。因为那些题目是官吏选拔的考试题目，数学好才能懂得如何重新界定每年尼罗河泛滥后的土地，成为特权阶层。

古中国文官治国，那就考语文。直到1949年前，识字率都非常低，民间有"敬惜字纸"的传统，废弃的字纸不能乱丢，要丢进专门字库塔焚化以示敬重。

15世纪有两个人带了十几本古腾堡圣经到意大利去卖，被罗马警察逮了起来，理由是"你们穿得如此普通，居然随身携带如此昂贵的货物，一定是偷来的。"现在随便哪个孩子都一书包的书，放几百年前是不敢想象的"壕"。

数百年来，这项特权被逐渐打破。物质接口的价格大大下降。接受完基础教育，加上一个智能手机、一台电脑或是网吧，就能连接上广袤无垠的精神世界。

物质世界边界分明：在肉眼可见的宏观物理世界，同一物质在时间和空间上的位置是唯一的。一块蛋糕放在那里,吃掉了就没有了,不能被第二个人吃。一件衣服也不可能同时既在这里,又在那里。在日常的物质世界里,非此即彼,即便是"江上之清风""山间之明月"也是一时一遇之景,转瞬即逝。

但精神世界无边无际。人的精神世界可以被记录于本人以外的物质载体,一旦被记录,他的智慧便独立存在,可以不断被复制、升级、解构、扭曲,永存于史上,即便人死灯灭。

人是什么时候出生,又是什么时候死亡的呢?

臧克家说"有的人活着,他已经死了;有的人死了,他还活着。"肉身的生死或许相对容易判断(并不是,医学和伦理学一直有诸多争论),但精神的生死的判断难度更胜一筹。

我们知道,一个活物必须和外界进行物质交换,不断地完成自我更新。简单地说,必须呼吸,必须吃饭,必须拉屎,不论这个呼吸、吃饭、拉屎的形式有多么简单。精神的"活物"也是如此。我们必须不断地从外界获取信息,排除渣滓,完成自我精神世界的更新,才算是精神上的活着。

我们不断接收新的东西,同时不断遗忘。如果把我的精神比作一艘忒修斯之船,我无时无刻不在更换腐朽的木板。每一秒的我都有新生,每一秒的我都在死去。

之前我们把是否"熟练使用工具"作为智慧生物的门槛。从第一只猩猩使用小树枝起,人改变工具,工具也改变人。

我近视800度,摘了眼镜看不见东西,玩手机、吃饭都必须戴眼镜,眼镜对我而言是一个视觉增强工具;换个角度说,眼镜是我眼睛的一部分,是身体的外延。我把一部分视力托管给眼镜。当我有了车,我把一部分行动力也托管了。工具发展的历史，即人的权力不断被托管的历史。洗衣机、电饭锅、自动驾驶、武器、原子弹……每成功发明一个工具，人类对身体的主权就托管出去一部分。人类主权每放下一步，物质世界就后退一步，精神世界就向前一步。

现在我坐在电脑前，用一根网线连接世界，除了大脑CPU在满负荷运转，我身体的其他部分都是待机状态，低功率运行。

这种托付到什么时候结束呢？大概是缸中之脑吧。

缸中之脑

缸中之脑（Brain in a vat），由美国哲学家Gilbert Harman提出，被很多思想实验采用。电影《黑客帝国》的核心剧情也借用了这个概念。

缸中之脑

我们知道，人体验到的一切感觉必须在大脑中转化为神经信号，才能被大脑感知。假设科技足够发达，能将人的大脑从体内提取出来，装入一个充满营养液的水缸维系其活性。然后使用计算机模拟信号给神经系统传递和原来一模一样的神经信号，那么大脑就能体验到和之前一样的虚拟现实。如此，大脑能否意识到自己已经生活在虚拟现实之中呢？

换言之，我以为自己现在洗完澡正吹着风喝着咖啡对着电脑打字，焉知我不是没手没脚一团泡在营养液里连着电脑的大脑呢？

- -

有人说我们这一代人更自闭，更"社恐"，更不爱与人交流。并不是啊，我们用新的方式和世界交流。网络比现实好的地方，是不管人有多怪咖，只要精神尚健康，网络那么大，更能找到理解自己、愿意和自己交流的人。不信，你断他网络和WiFi试试看？他马上就出门了。他只是选择了更适合自己的方式和世界互动。

当鱼认为陆地更容易生存，就会筛选出长脚的个体，渐渐爬上陆地；当哺乳动物发现海洋更容易生存，就会筛选出退化脚的个体，回到海洋。人类既然可以走出洞穴去参与更广阔的交流，自然也可以关上家门、接上路由器去参与更广阔的交流。

网络渐渐成为人类身体的一部分，手机则是人进化出来的又一个器官。通过新的器官，就像两栖动物的肺、海洋哺乳动物的鳍，人类开始了信息世界的探索。日常不用智能手机的人，和出门不带手机不能活的人，是两种生物，后者进化了——严谨一点说，是演化了。

- -

进　化

原文是evolution，也译作演化。据达尔文本人的意思，生物根据环境做出的生态变化是有方向性的，从"低等"生物到"高等"生物的进化。

但从1.3节说过的达尔文雀的例子中可知，它们只是为了更适应环境而去改变自己，让鸟喙匹配环境中食物的大小。环境改变了，生物也跟着改变，环境要是又变回来了，生物也会变回来，这种变化是可以逆转的，也就是说，没有"方向"可言。现在越来越多的人将其解释为"演化"，而非"进化"。

我怕忘记东西，在手机备忘录上打字、录音；我拍照存了一万张照片：手机就是我记忆的外接硬盘，是我大脑的一部分。

准确地说，手机上的信息流是"我"的一部分。为了防止手机丢了坏了换了，这些信息往往被备份到网络上，也就是说——某些网络信息流是我记忆的一部分。换言之，我的一部分脑子外接在网络上。

我看不见路，用手机打开手电，手机就是眼睛的强化，就成了我的视觉器官。我打开电话，和远在大洋彼岸的家人视频，我的一部分就以二维影像的形式被传输到网络上。我用匿名账号记录日常，没有了人际关系的桎梏，栖息在网络上的灵魂比现实中要自由真诚得多——这也是我ghost的忒修斯之船中的一块木板。

随着技术的发展，我的灵魂会一点一点搬运到网上——现在已经开始了。

譬如如果我打开某人的手机，挖出他三年前某个月发的朋友圈、微博及手机中储存的相片，把内容刷一遍，极有可能我对他人生这段时间的记忆比他本人还清楚。这是他信息化的人格副本。

或许在遥远的某一天，感官信号也会信息化，人格正本也会信息化，连缸中之脑的缸都不需要了，直接进化成一段信息流，抛却肉体桎梏，获得真正的自由。到那时，我们再回过头来看今天，会意识到今日的这些技术手段其实已经开始在悄悄地改变生命的形式。

亚马逊曾宣布用18轮大卡车为购买Amazon Web Services（AWS）云存储服务的企业用户运输数据，该服务称为"AWS Snowmobile"，一辆卡车可以携带100PB，也就是1亿GB的数据。工作原理十分传统：在车上，亚马逊向客户提供了一个80TB的存储单元，客户通过10Gb/s的速度连接加载数据。数据加载完成后，卡车开回亚马逊，并将数据上传到服务器当中。没错，当下最快的数据传输方式，是硬盘快递。

如果在路上看到亚马逊18轮大卡车在高速公路上飞驰，我会想那里面装的是什么。是信息，是数据，是企业的ghost，是我们的忒修斯之船的木板集装箱。有没有一部分的"我"在里面呢?

科幻英剧《黑镜》圣诞特辑里有一个美妙的设想，把人的ghost从脑中提取，复制到设备中，训练它成为那人的私人助理AI。编剧没有想着怎么把机器人变成人，而是想着把人变成机器人。

一般来说，我的ghost最了解我的日常偏好，爱吃什么、喜欢什么电影、今天晚上想去打球还是打游戏 ，它做出的选择必然和我心意相通。说个我现在非常想要的功能：每天浏览知乎、微博、微信公众号，把我喜欢看的东西筛选出来，把我不想看到的信息拉黑。

我们日常或多或少总有一些无须创造的机械性的工作，很自然地，我们会想要制造一个工具来解放这部分劳动力，从水磨到洗衣机、从自动化流水线到科幻电视剧里的私人助理机器人。

当第一只开始使用工具的猩猩尝试着用小树枝作为工具，它能清晰分清工具和自我的关系。随着工具被磨制得越来越趁手，越来越符合人体工程学，越来越严丝合缝地衔接人的身体，几乎成为外骨骼的一部分。

一方面，人不断地融入社会生产这个大机器，越来越异化得像个工具；另一方面，人工智能下能够实现机器学习的工具越来越嵌入到人的生活。工具如果发展到极致，人和工具可合二为一，还是彻底从工具性中独立出来，形成一个新的身份呢？

波士顿动力公司出品的仿人机器人Atlas

6.3 人工智能：大力出奇迹

• 人工智能不是仿人智能

2017年有一则新闻，说在Facebook的人工智能实验室做的对话AI项目中，AI发明出了人类看不懂的"语言"。营销号煽风点火地说实验室已经第一时间关闭并拔了插头。这瞬间点燃了人类对AI的恐惧。

```
Alice : book=(count:3 value:1) hat=(count:2 value:1) ball=(count:1 value:5)
Bob   : book=(count:3 value:0) hat=(count:2 value:0) ball=(count:1 value:10)
- - - - - - - - - - - - - - - - - - - - - - - - - - - - - - - - - - - - - - - -
Bob   : i can i i everything else . . . . . . . . . . . . . . . .
Alice : balls have zero to me to me to me to me to me to me to me to me to
Bob   : you i everything else . . . . . . . . . . . . . . . . . .
Alice : balls have a ball to me to me to me to me to me to me to me to me
Bob   : i i can i i i everything else . . . . . . . . . . . . . .
Alice : balls have a ball to me to me to me to me to me to me to me to me
Bob   : . . . . . . . . . . . . . . . . . . . . . . . . . . . . .
Alice : balls have zero to me to me to me to me to me to me to me to me to
Bob   : you i i i i i everything else . . . . . . . . . . . . . .
Alice : balls have 0 to me to me to me to me to me to me to me to me to
Bob   : you i i i everything else . . . . . . . . . . . . . . . .
Alice : balls have zero to me to me to me to me to me to me to me to me
```

Facebook 对话机器人Alice 和 Bob 的对话截图[1]

好奇AI需要语言吗? 亚马逊卡车运输速度为一车一亿GB, 我现在的网速约每秒14MB, 信息传播的速度已经发展到这个程度了, 我作为一个人类, 主要输出工具是语言文字, 我跟人说话的速度不超过每分钟200字, 也就是400个字节, 打字更慢。所以AI到底有什么想不通, 要用效率如此低下的语言作为交流工具呢? 像三体人[2]一样直接传送信息不是更好?

相关实验室马上辟谣, 表示这只是一个机器学习中训练出bug的AI, 参数调错了而已。插头还在, 实验室也好好开着。

迄今为止, 舆论对人工智能的评价好比三国演义之于诸葛亮, "多智而近妖"。实际上, AI能做的事情还很有限。

在做执行性任务时, AI很擅长, 比如AlphaGo下围棋。人下围棋最需要的是什么? 在当代竞技围棋领域, 比的是计算力。李昌镐下棋下得满头大汗, 聂卫平下棋下到要吸氧, 这些正是人脑CPU 100%运算的体现。这

1　图片引自*What an AI's Non-Human Language Actually Looks Like*, The Atlantic, 2017. 06. 20, Adrienne Lafrance.

2　刘慈欣小说《三体》中的设定, 一种绕过语言直接进行思想交流的外星生物。因为不使用语言工具, 三体人不会说谎, 只会直接用思维进行交流。

恰恰是电脑擅长的东西，永远精力充沛，永远不会疲惫。

相对国际象棋，围棋棋路变化大，计算模型更为复杂。以AlphaGo的最强版AlphaGo Zero为例，它从零开始，不学习任何人类棋谱，自己和自己互搏490万盘棋局，三天内就可以轻松打败李世石。[1]鉴于史上并没有任何棋手穷其一生打过490万个棋谱，因此很难说AI比人强，只能说大力出奇迹。

从某种意义上说，AI的发明像是蒸汽机的发明。从现代蒸汽机发明的那一刻起，人类像是被施加了某种魔法，从此拥有了用之不竭的体力，接下来的几百年里，机械工程师们雄心勃勃发明创造各种机械玩意儿，把这种强大而持续的体力，源源不断地注入一切需要劳动力的地方。

如今拥有深度学习能力的AI，像是某种用之不竭的脑力，或者说是脑力中的计算和学习能力。作为这几年最热的领域之一，代码工程师们雄心勃勃要把这种强大而持续的脑力劳动力，源源不断地注入一切需要计算力的地方。但是否注入得进去，注入进去后能不能用，各种不好说。

有一个广泛存在的误解：我们模拟人脑运行方式开发了人工智能。"人工神经网络"这一概念对此误解有重大贡献，这只是一种和大脑神经元相似的算法框架，只是在很浅的层面"略似"，绝非人脑仿生学，更谈不上对人类思维方式的学习。人工智能和认知科学没有太深的关系。

举个例子：我每次看到熊蜂都会惊讶于大自然的神奇，这种小昆虫身材肥壮，翅膀很小，却能轻易飞起来，要是人能够学习其中的原理制造运输机，该有多棒的性能。事实上我们的运输机完全不是按照这个原理在飞，但也飞起来了，运的货物也不少。现在的人工智能就在走这个路子，

1　详见*Computer Learns To Play Go At Superhuman Levels "Without Human Knowledge"*，National Public Radio, 2017.10.18, Merrit Kennedy。

生物的脑子怎么认知，我们搞不清楚，但我们不管，我们造我们认为能用的机器脑子就好。

基于此，大众舆论中关于"AI统治人类"的说法看完笑一笑就可以了，短期内这只怕还是杞人忧天。别说人类，现在最先进的AI的智商，距离猫猫狗狗都差得很远。

· 大数据才有大智能

"广告业凉了吗？"这句话从大数据时代就已经听闻了。广告行业的凉和报刊业的凉，不太一样，这是传统的"内容主导的广告制作者"被"数据处理主导的广告投放者"的取代。这是"长江后浪推前浪，前浪死在沙滩上"的凉，后浪好好的，一波更比一波浪，简直是惊天巨浪。

历史上成功崛起的新兴产业都做到了以下两点或其中之一：1. 广义上的提高生产效率；2. 广义上的优化资源配置。前者往往以新发明、新创造驱动，比如内燃机的发明、化肥的合成、青霉素的发现、人工智能的商业化等；后者往往以新商业模式驱动，比如股市和金融衍生品的发明、互联网+、所有的共享模式等。

两者往往互相结合，最典型的就是早几年的高频交易。利用计算机的速度，迅速发现金融产品买进卖出之间的微小价差，设计程序在刹那间完成多笔交易。历来金融产品不是用风险换收益，就是用收益降风险，或是用流动性和这两样互换。高频交易就做到了流动性极佳的无风险套利，完美到不科学。

这个原理很简单，好比你发现淘宝有人卖游戏币，1个9毛8，又发现QQ上有人收游戏币，1个9毛9，赶紧买进卖出，1个赚1分钱，迅速落袋为安。网速越快机会越多。2017年，高频交易公司Jump Trading在芝加哥期货交易所数据中心对面买了块地，架起一个军用信号发射台，微波传输数据，以求交易信息传输得最快。高频交易的贡献就在于优化资源配置，加速匹配买卖双方的交易意愿。

广告业类似，要做的是匹配销售商和顾客的交易意愿。

以下仅代表个人经验。早几年的时候，市场部是这么做广告的：

1. 先和产品部门敲定大致的方向和范围，然后开始各种花式定性的或定量的调研。定性调研样本很小，缺乏典型性，定量调研数据不够细缺乏完整性，所以两边要匀一匀。项目总监亲自在用户家里装24小时摄像头（经用户本人和其家人同意）、商业区满大街追着漂亮小姐姐"尬聊"、躲在单向玻璃后面暗中观察，都是常有的事儿。

2. 写调研报告，人工总结出一个用户模型。比如某某面霜的用户模型是高收入职业女性，就会描述她一天24小时大概是怎么过的，几点起床，几点出门，出门开车还是坐地铁，穿什么衣服吃什么早餐，买咖啡还是公司泡咖啡，中午怎么吃饭，晚上几点下班，业余怎么消遣，周末怎么度过，有没有老公孩子，有什么喜好和价值观等，这些叫作"用户行为标签"，由于样本和数据都很有限，很多时候需要猜测，猜得准不准是个很考验经验的活儿。

   有时候一个产品会做几个不同的模型作为用户样板。广告发布前，说起这个广告怎么样，总监头头是道，能侃上一天。

但现在卖面霜，完全不一样了。实际操作会比较复杂，但基本的原理简化一下是这样的：

先估摸着做一批广告，空投到各种各样的渠道，人就坐在后台等数据，有了数据分析，再去调整广告，不断地修正，最后拟出一批用户模型。

举个例子，假设我投放一个平台，某用户经常点击"美容"类的文章，说明她对美容有兴趣，根据她的点击次数、点赞次数、阅读时间等参数，赋予不同的权重，可以给每个用户计算出一个"美容"标签下的兴趣值，假设这个参数是233。此外，我们还能联动其他行为计算出每个用户的消费级别、购物习惯等，形成一个用户参数，譬如（233，002，157）。然后把人按照参数做聚类——把参数理解为一个坐标，把距离接近的坐标归为一群。

当然参数可以有很多，也不一定是观看"美容"类文章的人更喜欢我们的产品，说不定是关注"包包"内容的用户，或是关注"理财"，或是关注"离婚"，甚至是关注"高考"，这个无法依靠经验想象，有时候模型告诉我们的答案我们都想不出来为什么。

提到统计结果的时候会有一句老生常谈："相关性不代表因果关系。"这种方式最棒的一点就是：我不需要知道因果，知道相关就足够了。其实模型自己也不知道因果，它就是描述了一个事实，一个现象。这是一个黑箱，你只能看到数据进去，结果出来，并不知道中间发生了什么、为什么。

广告投放时，我们可以精准找到这一群人，让面霜广告出现在用户面前，最终通过渠道实际跳转或追踪到付款行为的用户，被标记为有效。预投放时，广告的转化率往往不高，通过少量预投放，模型可以通过机器学习不断地修正参数、完善模型，最终找出更为精准的潜在用户群体，达到投放标准。

在广告发布的第一天，你去问总监

"这广告内容怎样？"

答："不知道，看数据。"

"用户年龄和收入分布怎样？"

答："不知道，看数据。"

"用户习惯和偏好如何？"

答："不知道，看数据。"

"你现在知道个啥？"

答："啥也不知道，我在等数据。"

以上只是一个简单的举例，现实中的模型会复杂得多，但核心原理是类似的。和传统的预测估算为主的广告投放相比，这类广告精确得吓人。

这种数据化投放的新媒体广告刚推行时，效率远远高于传统广告。随着投放数据的积累，我们的模型可以越来越准。这种广告是双赢的，一方面，卖家卖出去一个广告，就能收获一个有效购买；另一方面，买家看到一个广告就觉得"咦？这玩意儿我有兴趣！"理论上说，高效率的广告在提升购买率的同时促使网站减少广告的投放量，从而增加品牌方和用户方双方的体验。

这是买卖的撮合，是零售业的高频交易。

这种机制可以应用到很多类型的网站，可以选面霜，也可以选书，选电影，选你要买的柴米油盐，选房子，甚至选你想要约会的对象。不仅仅可以做广告的推送，也可以做各种信息的推送。

软件工程师Sophia Ciocca曾撰文[1]介绍了音乐网站Spotify的推荐机制。它们主要使用了以下三个模型。

1. 协同过滤模型：这是用户偏好聚类。以用户名和歌曲名分别为矩阵的横纵坐标，给每个用户针对每首歌的偏好列一个很长很长的坐

---

1 见*How Does Spotify Know You So Well?*，Medium，2017.10.10，Sophia Ciocca。

标，一次来帮助寻找到有相同偏好的用户。如果你喜欢ABCD四首
歌，我喜欢BCDE四首歌，那就给你推送E，给我推送A，这样能
较大概率投其所好。

2. **自然语言处理模型**：这是歌曲评价聚类。用爬虫在网上抓取人们关
于某首歌或某个歌手、作曲家的看法，看人们用什么关键词去描述
这首歌。接下来就用和上一个模型一样的操作手法，以关键词和歌
曲名分别为横纵坐标，把坐标距离相近的歌聚类推送。

3. **声学模型**：这是音频类型聚类。首先根据时间轴、音高、音量之
类的元素把音乐数字化，做成二维图像。然后用卷积神经网络技
术把相似的图像聚类。这个听上去好高级，其实相关原理20世纪
90年代就有了，但那时候计算机处理速度不行，不能进行复杂运
算，只能用来识别手写阿拉伯数字。现在硬件水平提升后，这项
技术也用在人脸识别上，一首歌图像化后就是一张图，也可以理
解为一张脸，人脸识别技术可以用来找一张相似的脸，我们也可
以用它来找相似的歌。

以上三套模型同时协作，形成了Spotify精准高效的推送机制。

亚马逊、网飞、YouTube……许多公司都在利用这种技术为用户做推
送，以固化它们江湖大佬的地位。我甚至不敢让别人用我的手机、电脑，
害怕因此我的推送人格会受到影响。

相比较而言，现在也有很多网站和App推的广告又多又烂，看了让人哭
笑不得，尤其是购物网站。我买了个马桶盖，保证首页推荐位可以一直飘着
各种马桶起码一个月。手机要是借给同事挑个鞋子或包包，那我驯养多年的
购物网站账号多半是废了。由此可知这个行业还有很大的发展潜力。

这一套信息推送方法，既需相当暴力的数据量，又需要相当暴力的计
算量。

现在但凡涉及机器学习，都需要大量的"学习材料"。Google第一次训练AI识别图片中的"猫"，用了1000万张图片作为学习材料，计算机不断地反馈、纠正，最终得出识别"猫"的办法。而你要教一个小朋友认识"猫"这种动物，可能只需要几十张图。或许将来我们的算法不断精进，可以用同等数量级的材料训练出同样准确的判断模型，不过在当下，这还是一个需要暴力堆数据的年代。

也就是说，人工智能对数据的依赖部分转嫁为对硬件的依赖。而硬件提升的摩尔定律[1]是有限的，这意味着计算机的计算能力是有限的，暴力堆的数据也是有限的。天花板在哪里，将来我们的极限就在哪里。

6.4 人类主权的让渡：你愿意放手吗

到目前为止，在执行创造性任务上，AI被认为还不太行，比如写诗。每年都会冒出几个号称能写绝句填词的诗词AI，写出来的东西只能骗骗外行人：完全就是意象相近的汉字的随机组合，一眼看像个东西，两眼看十分不通，连最基本的情绪连贯、表达顺畅都做不到。

刘慈欣在中篇小说《诗云》中开了一个有趣的脑洞。小说中有一个超高智慧的外星人，热衷于搜集宇宙各种文明的艺术。它来到太阳系，遇到了一个中国诗人，两个人开始了"技术"和"艺术"之争。外星人认为以它碾压人类文明的技术力量可以超越中国唐诗绝句这种"汉字矩阵艺术"。中国诗人则认为你不可能超越李白。

为了证明自己的正确，外星人采集了所有汉字，穷举所有绝句的排列组合——这当然是一堆相当大的数据，它不得不拆了整个太阳系来储存数

---

1 由英特尔联合创始人、CEO戈登·摩尔提出。其内容为：集成电路上可容纳的晶体管数目，约每隔两年便会增加一倍。

据。道理很明白：逻辑上我们不能说李白的诗是诗歌艺术的上限，一定存在更好的诗歌对不对？虽然我不知道这堆数据里面哪一个组合能超越李白，但既然我穷举了，其中必然有超越李白的作品。

这个外星人写出超越李白的诗歌了吗？写出来了。在哪里呢？我不知道。它把一个关于"创造"的问题转化成了关于"检索"的问题。

自印刷术出现以来，精神世界就被低成本复制；自互联网出现以来，只要版权方愿意，几乎可以实现零成本复制。雕版印刷时代的字库塔一去不返，纸媒时代人们已经可以拿报纸当桌布，网络时代更可以文思如泉涌，打字如流水，耗尽半世呕心沥血的智慧结晶和到处倾倒的垃圾情绪泥沙俱下。人类陷入疯狂复制的信息海洋里。过去要找到好东西，好比在茫茫沙漠里找树叶，如今找好东西，则是在热带雨林里找某片树叶：哪个更容易？真不好说。

这正是信息爆炸下面临的问题：信息太多了，筛选反而比创造更重要。信息传播的权力不再垄断在信息创造者手里，而是掌控在信息筛选者手里。谁向你推送信息，谁就掌握了权力。

· 主权宣誓

当广告业发展到极致，所有你看到的，都是别人精心计算到小数点后决定让你看到的。音乐软件推送你最喜欢听的歌，书评网站推送你喜欢的书，购物网站推送你喜欢的商品，短视频让人看得不亦乐乎……如果再赛博朋克一点，街头广告灯箱改成显示屏，也可以根据往来行人的视线，计算出最加效率的投放内容，令人仿佛置身于《楚门的世界》[1]，这个世界为你而设。

1　1998年的一部美国电影，讲一个男主角出生后就一直身处电视真人秀而不自知的状态，他生活中所见的每一个场景都是被人为设置的。

这些内容基于一个法则：包君满意。

只有你满意所见到的东西，才会接着用它们的软件，接着当它们的用户。久而久之，每个人都看到自己喜欢的东西，在舒适区里畅游，脸上都洋溢着欣喜的笑容。这会导致两个后果：

1. 小众偏好的大规模灭绝

以文艺作品为例，试着用如上的多维坐标表示人对小说的偏好。我随便提三个问题，每个问题在1～10分的区间自由打分。

- 喜欢阅读《红楼梦》吗？（读不下去或不喜欢打1分，非常喜欢打10分。）

- 认为路遥的《平凡的世界》的艺术价值高吗？（极低打1分，极高打10分。）

- 豪放词和婉约词更喜欢哪类？（更喜欢豪放词打1分，更喜欢婉约词打10分，都讨厌或都喜欢得不分伯仲打5分。）

假设有人分别打分为8、5、3，那么（8，5，3）就是他的坐标，假设另一个人的打分是（1，8，5），分别把这两个坐标代入距离公式，就可以算出两个人的审美距离。如果精心设计出100万个有足够区分度的问题，抓100万个人问一遍，采集100万的平方个打分，我就可以做一个100万乘以100万的矩阵，在里面定位每个人的审美坐标。

如此我一定会发现，在审美的世界里，人并非均匀分布，而是像现实世界一样，大多数人在人口稠密的地区聚居，少部分人在偏远地区栖息。《哈利·波特》的粉丝绝对能组成超级大的城市群，堪比"北上广"；《基督山伯爵》作为名著中的超级爽文，粉丝坐标也能组成人口稠密地区，起码是成都、杭州这个级别的；《尤利西斯》大家虽然都听说过，但爱好者寥寥，只能叫边陲小镇了。当然你也可以同时喜欢这三部，在坐标上你就在某个暧昧地带。人多人少无所谓,热圈有热圈的热闹,冷圈有冷圈的快乐。

为什么喜欢这部小说而不是另一部? 为什么有这样的偏好? 这是一个很复杂的问题。人的品味并非纯靠天然形成的,而是后天通过大量阅读习得的。以阅读品味为例,在浩如烟海的文本中,遇到千奇百怪的文字,挑挑拣拣,最终形成了现在的"我"对文字的偏好。

推送的过程,是一个把人"聚类"的过程。

推送就是帮你找到和你相似的人。如果这群人也喜欢a、b、c等100部小说,但重合度最高的是a小说,那么向你推送a小说就是最容易命中目标的。成年人的偏好比较稳定,先"学习"后"聚类",音乐、图书、电影等的网站能帮他们定位找到自己的品味坐标,让他们跳进随心如意的快乐区。

但如果是尚没有形成稳定偏好的孩子,在一个全面推送信息的社会里,他在学习的过程中就遭遇了为他量身定做的小说推送,就变成了"学习"的过程即"聚类"的过程,审美品位一边被引导,一边被形成。他看到的世界都是被选择过再展现的,被认为他最有可能喜欢的,如此他就不太有机会遇到奇奇怪怪的旁门左道,而是有更大概率会被引导到审美世界中人口稠密的大城市。

这样的一代又一代人成长起来后,审美地图中的人口会不断往人口稠密区迁徙,你可以理解为"审美地图的大城市化""品位的集中化"。大众品味会集中归类于少数几个坐标点,特别小众的审美会渐渐后继无人,成为绝响。这对文艺作品的多样性而言,是悲剧性的。艺术个性灭绝或堪比精神世界的物种灭绝。

2. 品味偏好的内卷

1954年,美国心理学家詹姆斯·奥尔兹(James Olds)和彼得·米尔纳（Peter Milner）公布了他们观察到的一个实验现象：脑刺激奖励。他们给小白鼠大脑的特定部位插上电极，然后把小白鼠关进一个封闭箱。箱子中设一个踏板，小白鼠每次踩踏板，便会被特定电流刺激大脑。他们惊奇地发现：当这种刺激针对大脑中某些特定区域时，即便是饥饿的小白鼠，也会无视食物、水和性行为的诱惑，甚至无视健康和生命，选择每小时数千次不停地踩踏板，直到筋疲力尽。

这些区域被认为是大脑的快感中心，该区域中的神经递质是多巴胺，所以多巴胺曾被认为会给人带来快感。现在学术理论已经有了更新，一般认为：多巴胺能让人更想获得奖励，而非直接给了快感。

在实验中，是什么东西让人沉溺其中无法自拔，以至于失去自控力甚至生存欲？是化学物质，是客观规律，不是主观意志。

我们知道市场经济的优势在于它的资源匹配的效率非常高，通过自由市场自由价格，引导资源流向最能产生价值的部门。这是人类以不少生命为代价才学会并认同的经济原理。

但是当"闲暇时间"成为一种珍贵资源时，我们也在尝试建立一种机制，引导"时间"流向我们最有兴趣去参与的娱乐。在浏览信息时，人很难控制自己不去点开那些能迅速带来快感奖励的东西，比如我对毛茸茸的小奶猫、搞笑视频、食品工厂自动化流水线等题材毫无抵抗力。算法很快会发现我的弱点，不断给我推送小奶猫。我会像实验里的小白鼠一样，不停地点开新的视频，直到筋疲力尽。

再比如我偏好女性视角的文学作品。图书网站的算法就会不断地给我推送茨威格、伍尔夫、苏童、朱天心的作品。我就不一定会遇到阿加莎、纳博科夫、王朔、阿城。或许将来的推送机制里可以由一部分流量用来随机安排一些计划外的作者，但我质疑这些流量是否足够，是否能和我们在书店和图书馆乱逛时所见的"计划外"一样多。

这个世界并非只有让人快乐的东西，还有很多东西不让我喜欢。有些人物很痛苦，让人生理不适；有些文字很扭曲，甚至佶屈聱牙；有些过于肤浅；有些过于晦涩。它们无法让人一见倾心，但看完后沉淀一年、五年，乃至十年，我或许会意识到它们曾拓宽过我的审美边界。

最重要的是，遇见形形色色的文字犹如遇见形形色色的人和事，痛苦让人反思，胆怯令人谨慎，悲伤让人饱含同情，厌恶让人警惕……所有负情绪都有意义，它们不是正能量的对立面，而是真实自我的一部分，不接纳它们，也就无法接纳一个有层次的、复杂的自我。

这样的复杂可能正在离我们远去。

我在《如何成为一个有趣的人》一书里还说网络让信息畅通，但几年过去，有了手机作为私密的个人终端，有了算法为你贴身定制信息，网络也会让信息隔离。同样在网购平台搜"咖啡"，有些人的首页显示的是20袋一包的速溶咖啡买一赠一，有些人的首页显示的是上万元的半自动咖啡机。推送机制足够优秀的话，可以实现网络信息的阶层固化，可以分得特别细，能推送"只要288"的包，就绝不会推送300块的。

终有一天，每一个人可以被这样主动的、被动的推送精确折叠在小小的空间内，完美匹配。然而，完美匹配意味着人会失去选择权。彼时彼刻，人的主观能动性在哪里？自主自愿、自我意识在哪里？

对当代人而言，网络信息交换权就像自由行动一样，是人的基本权力。如果说肉体的行动权即行路权，是显而易见人人都有的，那么精神的行动权，也应如此。但如果我们的信息获得将来全依赖推送获得（还有一个信息获得机制是搜索引擎，不过这一样是有选择的展现），这无异于一部分视听权力被收缴了。

2015年，奥巴马政府提名的FCC（美国联邦通信委员会，相当于中国的工业和信息化部）主席组织通过了《开放互联网法令》和《网络中立保护条款》。这就是"网络中立"法案。所谓网络中立，是指"互联网服务供应商及政府应平等处理所有互联网上的数据，不差别对待或依不同用户、内容、网站、平台、应用、接取设备类型或通信模式而差别收费"。这放在中国，相当于说中国移动不能对某个具体内容提供方（比如抖音、起点、京东等）进行限速或提速。这主要考虑到消费者在信息接收上有不被资本审查的权力，以及内容供应商有公平竞争的权力。这条法案非常短命，于2017年12月14日被特朗普政府投票废除。

现在很多大学会开一门专业信息检索课，教怎么搜索到你要的信息。比如中文系的这门课主要教怎么搜论文，怎么使用国内外几个知名的古典文献数据库，怎么查阅四库全书、地方志等，对专业学习非常有帮助。但信息检索的需求不仅于此，怎么查想要的信息、怎么规避不可信的甚至是有害的信息、怎么突破信息屏障等诸多问题，当代人应该从小学就开始了。这是生存技能。

- **AI计划经济**

20世纪30年代，美国已经进入消费社会，消费主义无处不在，在经济大萧条前达到了巅峰。美国商家以缩短产品生命周期为代价，迫使消费者不断购买更多的产品。

而在东德和苏联，开始了共产主义计划经济。东德规定冰箱和洗衣机使用寿命必须达到25年。东德造了一款超级长寿灯泡，参加了世界博览会，显而易见，它被整个资本主义世界抵制了。柏林墙倒塌后，这家东德灯泡厂也倒闭了。突然想起来小时候家里的电器好像特别坚固耐用，动不动就服役几十年。

以上对比不太符合直觉。我们一般会认为商品经济在资源配置上是高

效率的, 计划经济则要低效得多。有100个关于排队买面包的苏联笑话,我随便说一个:

> 苏联来的贵宾参观伦敦, 想要了解西方经济。前往伦敦证券交易所和伦敦政经学院参观, 与银行经理、企业家和教授长谈。这位苏联专家忽然忍不住说:"抱歉, 请先停一下。先别管所有这些复杂的经济理论了。我们在伦敦来来回回一整天, 有件事我一直不懂。在莫斯科, 我们派了最聪明的人来研究面包供应制度, 但每家面包店和杂货店还是大排长龙。而在伦敦, 这里有数百万人口, 我们今天经过了许多家店和超市, 却没有一个地方需要排队。请带我去见一下在伦敦负责供应面包的人, 我一定得学学他的高招。"东道主抓了抓头, 想了一下, 说道:"可是, 没人负责供应面包给伦敦啊。"

有很多类似笑话嘲讽计划经济对资源的浪费, 但是对自由经济的嘲讽却并不多。计划经济的资源调配失误, 可以从买面包的长长队伍中看出来, 但自由经济的资源调配失误, 却很难从生机勃勃的灯泡流水线上看出来——除非遇到经济大萧条, 你才可以从农民一车一车倾倒牛奶中看出来。

> 美国社会过分强调消费, 尤其是消费的数量而不是质量, 这有损于我们的文化、审慎的态度和对长远利益的关照。它将这些扭曲的价值观归咎于商业, 尤其是那些营销人员和广告商, 它们谄媚公众, 使之接受错误的评价标准。
>
> ——Rees Albert对书籍《垃圾制造者》[1]的总结

当自由经济失去行政管控, 美国人也知道1933年发生了什么, 所以有

1　即 *The waste makers*, 美国记者Vance Packard 于1960年出版的一本反消费主义书籍。

了罗斯福的国家资本主义拯救了资本主义美国。这背后的需求都是"资源的调配"——让合适的资源去合适的地方。至于谁来定义"合适"，这是一个哲学问题。

从科幻角度来做一个脑洞思考：如果让AI来干这件事儿呢？

假设有足够智慧的AI，能精准统计出每一个人每天需要的面包乃至所有商品的需求，我们精准生产，精准供应，是不是将来就有完美的经济了呢？

先讨论一下"完美"，这个词十分可怕。我在1.3节中提到，完美生物在环境中嵌入得严丝合缝，一旦环境有所波动，必死无疑。完美意味着没有提升空间，意味着极致，意味着任何变化都是走下坡路。遇到这个词的时候一定要保持足够的警惕。

AI导向的资源分配，相当于请了一个全知全能的神，这是把人类的财产分配权托管了出去，这不再是身体的托管，而是权力的托管、意志的托管。

经济问题比较复杂，不妨先搁置一边，我们来讨论略简单的另一个问题：AI执法会怎样？

1. 假设AI警察和人一样智能，可以和人类警察组队出镜。

根据美国某地区的经验数据，当地黑人持枪袭警的概率是白人的1.5倍。当一个黑人嫌疑人手持可疑物体指向人类警察时，他的队友AI警察就要做出判断：嫌疑人是要持枪袭警，还是只是掏出一个证件？类似的案子发生过很多次，有时候是遵纪守法的黑人公民挥挥手就被应激的警察射杀，当然也有真的暴力袭警射杀警察的，经常最后会闹成群体性事件。

考虑到美国的持枪率，人类警察在这种情况下已经是生死关头，神经高度紧张，必须迅速做出反应，做错了反应只有两种后果：不是自己被射杀，就是自己杀死无辜的人。在分秒之间，人类会根据直觉下意识地做出反应，直觉往往是经验性的，面对黑人嫌疑人，警察更倾向于开枪。有统计证明，面对相似情况时，黑人被射杀的概率高于白人。

这算不算种族歧视？当然算，因为肤色无辜冤死的概率比别人高，可不是被歧视了？

现在我们有了AI警察。它不一样，它的直觉和下意识反应可以设置出厂参数。我们现在就政治正确地设为黑人白人亚裔1∶1∶1的均衡配方。注意，在当地历史数据中，黑人持枪袭警概率依然是白人的1.5倍。然后我们会发现这个AI警察的出错率会高于人类警察，他更容易导致和他组队的人类警察暴露在更高的风险中。

这能解释为什么微软开发的聊天机器人Tay上线不到一天，就因为满口暴力歧视言论被下线：AI必须向人类学习——多么糟糕的学习对象！一个优秀的AI和人无异，那么AI执法就是人的执法，AI和人没有差别。

2. 假设AI警察全知全能，能根据法律完美逮捕世界上所有的罪犯。

同上，从来都只有与时俱进的法律，没有完美的法律。如果没有犯罪、人人干脆利落地伏法，那法律也就没有改变的机会，也就失去了进化的可能。

那不如AI立法？

立法涉及的不仅仅是逻辑，还有信仰，还有价值观。一个"好"的立法的标准是什么？是利国利民吗？还是均衡利益分配？如果遇到这样一个场景：牺牲一个人可以拯救一千万人的生命，他又不肯死，我们能不能立法规定他必须牺牲？

综上，如果AI等于人，用人的价值观做事，必然泯于人，最多是个替代品，没有优越性；如果AI高于人，超脱人的价值观，必然不服众，"你非我，不能代表我的利益"。

这个世界是不完美的。不完美意味着弹性、空间、生存机会。想要绝对公正公平（且不论"公平公正"是不是绝对道德观，以及道德观有没有亘古不变的），就必须把AI的行为逻辑写死，铁面无私，刀下不留人，留任何后门都会是腐败的滋生地。但没有后门，一旦有bug，后果不堪设想。

正如之前所说，人类每发明一个工具，就是对主权的一次托管，随着工具越来越多，人类权力的下放也越来越多，要放手到什么程度，可有一条明确的红线？AI计划经济、AI法官、AI立法，恰好凑一桌三权分立，这是统治人类的权力，这是身家性命的托管。

当然我只是在本书最后一章放飞了一下，现在的AI还处在初始阶段，还远没有到要直面这些的时代，但越来越多的AI涉入广泛的行业，很多伦理问题已经暗中埋下了伏笔。我们把AI当工具，可是工具和人的边界又何其模糊，最后你中有我、我中有你，天下大同，怕是跨界竞争的最高境界吧。